Handlungsspielräume einer Flüchtlingspolitik
zwischen völkerrechtlichen Rahmenbedingungen,
staatlichen Prioritäten und kommunalen Interessen

Europäische Hochschulschriften

Publications Universitaires Européennes
European University Studies

Reihe XXXI
Politikwissenschaft

Série XXXI Series XXXI
Sciences politiques
Political Science

Bd./Vol. 381

PETER LANG
Frankfurt am Main · Berlin · Bern · New York · Paris · Wien

Stephan Pio Fuchs

Handlungsspielräume einer Flüchtlingspolitik zwischen völkerrechtlichen Rahmenbedingungen, staatlichen Prioritäten und kommunalen Interessen

Rechtliche, politische und humanitäre Aspekte der Aufnahme von bosnischen Bürgerkriegsflüchtlingen in München 1992 - 1997

PETER LANG
Europäischer Verlag der Wissenschaften

Die Deutsche Bibliothek - CIP-Einheitsaufnahme

Fuchs, Stephan Pio:

Handlungsspielräume einer Flüchtlingspolitik zwischen völkerrechtlichen Rahmenbedingungen, staatlichen Prioritäten und kommunalen Interessen : rechtliche, politische und humanitäre Aspekte der Aufnahme von bosnischen Bürgerkriegsflüchtlingen in München 1992 - 1997 / Stephan Pio Fuchs. - Frankfurt am Main ; Berlin ; Bern ; New York ; Paris ; Wien : Lang, 1999
(Europäische Hochschulschriften : Reihe 31, Politikwissenschaft ; Bd. 381)
ISBN 3-631-34375-2

ISSN 4721-3654
ISBN 3-631-34375-2

Allein der Tatsache, daß zahlreiche Menschen mich zu verschiedenen Zeitpunkten sehr unterstützt haben, ist es zu verdanken, daß diese Arbeit in der vorliegenden Form zustandegekommen ist.

In besonderer Weise gilt mein Dank Kathrin Kreutzer, Cordula Ferstl, Lo Glück, Astrid Ganterer, Axel Petzold, Peter Dürr und meinen Eltern.

VORWORT

Der Krieg im ehemaligen Jugoslawien hat ein Problem auf die politische Tagesordnung gesetzt, mit dem in dieser Form im Europa der Nachkriegszeit niemand mehr gerechnet hatte: die Frage nach dem Umgang mit einer nicht unerheblichen Zahl von (Bürger-) Kriegsflüchtlingen. Der Einbruch dieser Art von Elend mutet in der deutschen Wohlstandsgesellschaft fast anachronistisch an - und wirft weit mehr als nur technische Probleme etwa die der Organisation von Unterbringung etc. auf. Denn insofern es hier zu allererst um Menschen und deren dramatische Schicksale geht, stellen sich sehr grundsätzliche und auch sehr schwierige ethische Fragen. So ist schon der Rechtsstatus des Flüchtlings problematisch: Hannah Arendt hat in ihrer Studie über totale Herrschaft die "Anomalie" von Flüchtlingen und Staatenlosen mit diesem besonders prekären, weil auf Duldung angewiesenen Rechtsstatus identizifiert. Duldung setzt aber die immer wieder zu erneuernde Bereitschaft voraus, Hilfe zu leisten, und damit ein entsprechendes Gefühl ethischer Verpflichtung. Ein solches Gebot kann christlich begründet werden, doch schon den Griechen war es heilige Pflicht, Hilfesuchende aufzunehmen. Aischylos beschreibt in den "Schutzflehenden" in diesem Zusammenhang die dem griechischen Denken so bewußte Tragik von Entscheidungssituationen: Pelasgos hat zu wählen, ob er die Töchter des Danaos, die um Asyl bitten, aufnimmt - und seiner Heimat Argos damit Krieg mit deren Verfolgern beschert -, oder eben die heilige Pflicht der Asylgewährung verletzt. Er entscheidet, sich der religiösen Pflicht nicht zu entziehen. Man muß nun sicher nicht die Kategorie der Tragik beschwören, um doch mit Blick auf das heutige Flüchtlingsproblem ein zumindest ähnliches politisches Dilemma zu erkennen. Denn wenngleich praktisch das gesamte abendländische Nachdenken über Ethik die Pflicht der Hilfestellung nahelegt, so zeigt sich doch auch schnell, daß dieser Anspruch in der politischen Praxis wie auch im Denken und Fühlen vieler Menschen auf entgegengesetzte Vorstellungen und Interessen stößt.

Dieser größere, normative Kontext ist zu berücksichtigen, will man die Handlungsspielräume der Flüchtlingspolitik aufnehmender Staaten in ihrem Spannungsfeld völkerrechtlicher, nationalstaatlicher und kommunaler Einflußfaktoren verstehen. Ganz in diesem Sinne fließen auch in der vorliegenden Untersuchung rechtliche, politische und humanitäre Aspekte in die Analyse der Situation von bosnischen Bürgerkriegsflüchtlingen in München mit ein. Es wird verdeutlicht, daß die Flüchtlingsproblematik, deren konkrete Auswirkungen zu einem erheblichen Teil auf kommunaler Ebene sichtbar werden, "hochpolitisch" ist und daß bei deren Behandlung grundsätzliche Wertpositionen, offen oder verdeckt, von der scheinbar rein sachlichen politischen Praxis nicht zu trennen sind. Daß es dabei schnell zu einer Instrumentalisierung der Ausländer- und Flüchtlingspolitik für parteipolitische Zwecke kommen kann, zeigt nicht nur das Münchner Beispiel, sondern die öffentliche Diskussion zu diesem Thema im allgemeinen. Die Gefahr, daß mit Vorurteilen und Ängsten vieler Bürger ein fragwürdiges Spiel getrieben wird, ist gerade bei diesem Thema besonders groß. Umso wichtiger ist es daher, sich zunächst einmal mit den konkreten Rahmenbedingungen und Möglichkeiten von Flüchtlingspolitik - auch und gerade auf kommunaler Ebene - auseinanderzusetzen, um den so gewonnenen Sachverstand dann mit den angesprochenen normativen Fragen in Beziehung zu setzen. Stephan Pio Fuchs gelingt es in hervorragender Weise, die verschiedenen Ebenen des Problems darzustellen und verständlich zu machen.

München, 15. 10. 1998

Prof. Dr. Peter J. Opitz

INHALTSVERZEICHNIS

III. KAPITEL

EINLEITUNG

Fragestellung

Das Bundesland Bayern hat in der Folge der kriegerischen Auseinandersetzung auf dem Gebiet des ehemaligen Jugoslawien rund 64 000 Personen aufgenommen, die sich auf der Flucht vor den Folgen dieses Bürgerkrieges[1] befanden und von denen ca. 21 000 in der Stadt München unterkamen.[2] Als eine Folge dieser Ereignisse, kam es in München per Stadtratsbeschluß[3] zur Gründung eines Flüchtlingsamtes[4] und daraufhin im Rahmen der kommunalen Rechtsaufsicht zur Beanstandung dieses Beschlusses durch die Regierung von Oberbayern. Hiergegen legte die Stadt München Widerspruch ein. Nach dem Erlaß eines Widerspruchsbescheids erhob die Stadt München beim Verwaltungsgericht München Klage gegen den Freistaat Bayern. Dieser Rechtstreit, der derzeit in Erster Instanz beim Bayerischen Verwaltungsgericht München anhängig ist, wird im weiteren Verlauf dieser Untersuchung eine wichtige Rolle einnehmen, zeigt doch die Argumentation beider Streitparteien beispielhaft und exakt die Konfliktlinie auf, an welcher sich die grundlegende Auseinandersetzung bezüglich der Notwendigkeit und Kompetenz kommunaler Flüchtlingspolitik entlangbewegt.[5] Im Ausgang dieses Rechts-

---

1 Verschiedentlich werden in wissenschaftlichen Arbeiten zur Völkerrechtstheorie und Völkerrechtspraxis anstelle des Begriffpaares "Krieg - Bürgerkieg" die Termini "internationaler bewaffneter Konflikt - nichtinternationaler Konflikt" eingeführt. Vgl. Kimminich, Otto, "Neue Probleme im Asylrecht - Krieg, Bürgerkrieg, Flucht und Vertreibung heute"- in: AWR-Bulletin 4/1994, Wien 1994, S. 160-174.

2 Laut Auskunft des Münchner Kreisverwaltungsreferates lebten zum Zeitpunkt des 31.10.1993 21.083 Bürgerkriegsflüchtlinge aus dem ehemaligen Jugoslawien in München.

3 Vgl. Beschluß des Stadtrates von München vom 2. 12. 1993 bzgl. der Gründung eines Flüchtlingsamtes und der Übertragung ausländer- und asylrechtlicher Zuständigkeiten vom Kreisverwaltungsreferat auf das Flüchtlingsamt beim Sozialreferat.

4 Im weiteren Verlauf der Arbeit "Flüchtlingsamt" genannt.

5 Aller Voraussicht nach wird dieser Prozeß eingestellt werden bzw. wird es zu einer Zurücknahme der Klage kommen, da sich durch die am 10.12.1997 erfolgte Wahl des neuen Kreisverwaltungsreferenten Wilfried Blume-Beyerle, dessen Amtseinführung voraussichtlich Anfang Juli 1998 stattfinden wird, veränderte politische

streites liegt auch eine Vorentscheidung darüber, ob und in welcher Form der Stadt München weiterhin eine Betätigung auf dem Gebiet „kommunaler Flüchtlingspolitik“ ermöglicht sein wird.[6]

Desweiteren möchte diese Arbeit Fragen nach dem rechtlichen Status dieser Bürgerkriegsflüchtlinge, den Institutionen und Normen, welche für einen elementaren Schutz dieser Personengruppe Sorge tragen sollten und nach den eventuell erkennbaren Defiziten in den genannten Bereichen nachgehen. Es gilt, die bestehenden Möglichkeiten auszuloten, innerhalb der beschriebenen und hinlänglich bekannten Limitierungen durch Faktoren der internationalen und nationalen Politik, eine kommunale Flüchtlingspolitik mit dem Ziel zu betreiben, den rechtlichen Schutz und den sozialen Status quo dieser besonders schutzbedürftigen Personengruppe anzuheben oder wenigstens auf dem derzeitigen Niveau zu sichern und zugleich zu untersuchen, mit welchen Erfolgsaussichten dies erfolgen kann.

Des weiteren ist es von grundlegender Bedeutung, zu Beginn der Untersuchung eine Definition „kommunaler Flüchtlingspolitik“ vorzunehmen und herauszuarbeiten, welche die Voraussetzungen und Bestandteile derselben sind. Zugleich erfolgt eine Einbindung der gesamten Fragestellung in den größeren Rahmen des Flüchtlingsvölkerrechtes und das aktuell existierende normative und institutionelle Gefüge des Flüchtlingsschutzes. Obschon zu Beginn der Untersuchung eine mögliche Definition von "kommunaler Flüchtlingspolitik" erstellt wird, erübrigt sich nicht die Frage, ob es eine kommunale Flüchtlingspolitik grundsätzlich überhaupt geben kann. Daran anknüpfend soll dann eine Antwort auf die Frage nach Existenz und Aktualität dieser Form der Flüchtlingspolitik im Bereich der Kommune München gegeben werden.

Verhältnisse ergeben haben, die eine Fortführung wenig sinnvoll erscheinen lassen. Vgl. zu dieser Thematik Kapitel III dieser Arbeit.

6 Neben der Frage nach der bloßen Existenzberechtigung einer kommunalen Flüchtlingspolitik und nach der Notwendigkeit eines kommunalen Flüchtlingsamtes ist es im Fall der Stadt München von entscheidender Bedeutung, unter wessen Federführung das Amt für Flüchtlinge der Stadt München steht, d.h. welchem Referat es innerhalb der kommunalen Verwaltung zugeordnet sein wird. Derzeit stehen als Alternativen zur Auswahl das Kreisverwaltungsreferat (KVR) und das Sozialreferat, jedoch existieren auch Überlegungen zur Schaffung eines neuen Referates, welches als Ergebnis einer Umstrukturierung der Referatsorganisation die gesamten ausländer- und integrationsrelevanten Kompetenzen erhalten und zusammenführen sollte. Vgl. hierzu Kap. III. und Kap. IV. dieser Arbeit.

Definition einer "kommunalen Flüchtlingspolitik"

Unter dem Begriff "kommunale Flüchtlingspolitik" soll im Verlauf dieser Untersuchung das Zusammenwirken verschiedenster Faktoren und Handlungsweisen wie etwa politischer Entscheidungen, Verwaltungshandeln, Normentwicklung und -anwendung bzw. die Auslegung schon bestehender Gesetze verstanden werden, die sich in dem Ziel vereinen, gemäß humanitärer und menschenrechtlicher Vorgaben auf kommunaler Ebene einen Beitrag zur Lösung bestehender Flüchtlingsprobleme leisten zu wollen. So verstandene "kommunale Flüchtlingspolitik" betrachtet die liberale Umsetzung ausländerrechtlicher Bestimmungen als wichtigen jedoch nicht einzigen Bestandteil eines Politikfeldes, welches sozial- und kommunalrechtliche als auch sozial- und kommunalpolitische Fragen impliziert, berücksichtigt und miteinander in Einklang bringt. Die dem Thema "Flucht" eigene Dynamik erfordert eine anpassungsfähige behördliche Struktur, die es erlaubt, unter Einbeziehung aller auf dem Gebiet der Flüchtlingspolitik tätigen lokalen Initiativen und Gruppen flexibel reagieren zu können; dadurch wird sie auch kurz- und mittelfristigen Entwicklungen gerecht.

Das Gelingen von kommunaler Flüchtlingspolitik setzt desweiteren voraus, daß die Kommunen auf diesem Teilgebiet über einen soliden Finanzierungsrahmen verfügen, d.h., daß die Kostenregelungen zwischen den Kommunen, den Ländern und dem Bund geklärt sind und in der Praxis auch ihre Anwendung finden.[7]

Der rechtliche und politische Rahmen, in welchem sich dieses "entstehende" Teilgebiet kommunaler Politik bewegen kann, ist begrenzt. Auf der einen Seite stellen Bundes- und Ländergesetze eine nur schwer zu beeinflußende Grenze dar, auf der anderen Seite sind die Wurzeln und der ureigenste Kern der Flüchtlingsproblematik oftmals im Bereich der internationalen Politik zu suchen, ein Feld, das sich dem kommunalen Einfluß nahezu gänzlich entzieht. Zudem verhindern vielfach partikuläre Interessen und politisch motivierte Entscheidungen eine kommunale Betätigung auf diesem Teilgebiet der Politik.

Ziel dieser Arbeit ist es, auf schlüssige Art und Weise darzulegen, warum kommunalpolitische Aktivitäten auf dem Gebiet der Flüchtlingspolitik trotz

---

7 Vgl. die Auseinandersetzung um die praktische Umsetzung des bisher nur auf dem Papier bestehenden § 32a AuslG. Auf diese bundesweite Diskussion und die vorhandenen Zusammenhänge mit den in der vorliegenden Arbeit behandelten Fragestellungen wird vertieft in Kap II.1 und II.3 eingegangen.

großen Widerstandes existieren, aus welchen Gründen sie hilfreich und notwendig sind und auf welche schon bestehende Rechtsgrundlagen dabei rekurriert werden kann. Dies aufzuzeigen und gegebenenfalls konstruktive Vorschläge beizusteuern, welche zu einer Verringerung der gegenüber einer kommunalen Flüchtlingspolitik bestehenden Vorbehalte beitragen könnten, ist ein weiterer Teilaspekt der vorliegenden Arbeit.

Begründung und Notwendigkeit der Fragestellung

Die wissenschaftliche Auseinandersetzung mit den Inhalten und Problemen der Flüchtlingspolitik und des Flüchtlingsrechts geht von theoretischen Grundlegungen aus - u.a. vom inneren Zusammenhang der Idee der Menschenrechte und des internationalen Flüchtlingsschutzes -, auf die aus Platzgründen hier nicht weiter eingegangen wird, deren Prämissen jedoch für das Verständnis der hier vorgetragenen Gedanken von großer Bedeutung sind[8]. Doch auch ohne eine ausführliche Darstellung dieser theoretischen Grundlegungen dürfte die Notwendigkeit einer humanitär motivierten Flüchtlingspolitik an dieser Stelle als unstrittig betrachtet werden.

Auf der Ebene der Kommunalpolitik konkretisieren sich oftmals rechtliche Normen und politische Entscheidungen, die internationalen Übereinkommen oder nationalen politischen Regelungen entspringen, so im Falle der in der BRD vorübergehend aufgenommenen Bürgerkriegsflüchtlingen aus dem vormaligen Jugoslawien.[9] In Ermangelung effizienter Regime[10] - z.B. eines europäischen Flüchtlings- und Asylregimes[11] -

---

[8] Neben einer menschen- und völkerrechtlichen Verankerung wäre auch an eine philosophische Herleitung zu denken, in deren Zusammenhang sich der Flüchtlingsschutz als Teil einer Strategie zur Verwirklichung "politischer Gerechtigkeit" oder als Resultat diskursethischer Überlegungen darstellt. Desweiteren müßten ethisch-religiöse ebenso wie rationale Argumentationen mitberücksichtigt und integriert werden.

[9] Die Gesamtzahl der in der BRD aufgenommenen Bürgerkriegsflüchtlinge beträgt ca. 320 000; davon sind ca. 04 000 in Bayern untergebracht. Vgl. Huemer, Medardus, Asylbewerber, Bürgerkriegsflüchtlinge in Bayern, in: AWR-Bulletin, Nr. 1-2/1997, Wien 1997, S. 84.

[10] Zum Begriff des Regimes vgl., Müller, Harald, "Die Chance der Kooperation - Regime in den internationalen Beziehungen", Darmstadt, 1993. Allgemein wird mit dem Begriff "Regime" die institutionalisierte, geregelte Form zwischenstaatlicher Zusammenarbeit bezeichnet.

[11] Vgl. auch die Forderung des Bundesverfassungsgerichtes nach einer europäischen Regelung, die im Zusammenhang mit den Urteilen zur GG-Änderung im Be-

und verursacht durch einen scheinbaren Handlungsunwillen auf nationalstaatlicher Ebene entfalten sich die Auswirkungen jedoch zu einem erheblichen Teil auf kommunaler Ebene und erfordern somit vorrangig dort Strategien der Bearbeitung und Bewältigung.
Handelt es sich hier im Rahmen der vertikalen Politikverflechtung um bloße Umsetzung von Anweisungen übergeordneter Stellen ?[12]
Oder existiert bei der Ausführung durch die Kommunen ein Interpretations- und Gestaltungsspielraum ?
Ist dieser Spielraum rechtlicher, politischer oder bürokratischer Art ?
Was wären die Konsequenzen für die konkrete Politik "vor Ort", wenn sich im Ergebnis heraustellte, daß keinerlei Befugnisse und Handlungskompetenzen seitens der Kommune bestehen, der Konzeption und Durchführung einer Flüchtlingspolitik nachzugehen ?[13]
Provoziert nicht das Zusammentreffen dieser zwei Komponenten, nämlich erstens das Auftreten und Vorhandensein einer völker- und bundesrechtlich zufolge verhältnismäßig schutzlosen Personengruppe und zweitens die Entfaltung der Problematik hauptsächlich auf kommunaler Ebene[14], nachgerade die Frage der Realisierbarkeit von "kommunaler Flüchtlingspolitik" ?
Wie wäre dieses Vorhaben am effizientesten umzusetzen ?[15]
Ist eine Rückwirkung auf die übergeordneten Stellen denkbar, d.h. könnte es durch eine erfolgreiche "kommunale Flüchtlingspolitik u.U. zu einer Beeinflussung der Landes- und Bundespolitik kommen ?[16]

---

reich des Asylrechts formuliert wurde (s. Urteile des BVerfGes vom 14. Mai 1996: 2 BvR 1938, 2315/93, 2 BvR 1507, 1508/93 und 2 BvR 1516/93), sowie die nachdrücklich vorgetragenen Überlegungen zahlreicher nationaler und internationaler Nichtregierungsorganisationen (Pro Asyl, ai, ECRE, et al).

[12] Womit sich die kommunale Betätigung auf dem Gebiet der Flüchtlingspolitik als "symbolische Politik" oder "Scheinpolitik ohne die notwendige Kompetenz" charakterisieren ließe.

[13] Müßte nicht im Falle einer fortschreitenden Einengung des Ermessensspielraumes der Ausländerbehörden (z.B. durch das neue Asylverfahrensgesetz) die Blockierung und die Entmutigung kommunalpolitischer Initiativen und ein Rückgang des ehrenamtlichen Engagements die Folge sein, mit den Konsequenzen a.) der Verschlechterung der tatsächlichen Lebenssituation der betroffenen Flüchtlinge und b.) der Kostenerhöhung für die Kommunen und die Länder, bzw. im Fall Bayerns für die Bezirke ?

[14] Die bundesdeutschen Kommunen sind für die Unterbringung und für die Leistung von Sozialhilfe zuständig, was zur Folge hat, daß die gesamte Logistik und die zumindest vorübergehende gesellschaftliche Integration dieser Menschen in den Händen der Kommunen verbleibt. Vgl. auch Kap. III.1.2..

[15] Gründung von kommunalen Flüchtlingsämtern, Neuordnung der bestehenden Kommunalreferate etc. ? Vgl. hierzu Kap. III. und IV. dieser Arbeit.

Die Vielzahl an offenen Fragen bestätigt zum einen die Relevanz dieser Thematik, zum anderen ist es ein Hinweis auf bestehenden Forschungsbedarf in den Disziplinen, die in Verbindung mit der "Flüchtlingsproblematik" zu sehen sind. In erster Linie sind die Kommunalpolitikforschung, der Bereich der Völkerrechtstheorie des Flüchtlingsschutzes und die Untersuchung der soziologischen, psychologischen und pädagogischen Implikationen von Flüchtlingspolitik zu erwähnen. Das krasse Mißverhältnis zwischen bestehenden und drängenden Fragestellungen einerseits und nicht stattfindender Behandlung andererseits mag auch darin zum Ausdruck kommen, daß sich in den gängigen und zum Teil sehr spezialisierten Recherchediensten, Schlagwortverzeichnissen und Internet-Suchmaschinen keine Eintragung unter der Eingabe "Kommunale Flüchtlingspolitik" nachweisen läßt.[17] Mitnichten kann somit bezogen auf diesen Politikbereich die Rede von einem befriedigenden Forschungsstand sein.

Methodik

Entsprechend dem empirisch-analytischen Ansatz innerhalb der politikwissenschaftlichen Forschung[18] werden die politologisch relevanten Fragestellungen dieser Untersuchung deskriptiv untersucht.
Ausgehend von der zu Beginn der Untersuchung erarbeiteten Definition einer "kommunalen Flüchtlingspolitik" sollen mittels eines Mehrebenen-Ansatzes, welcher institutionelle, rechtliche, bürokratische, politische und ökonomische Faktoren berücksichtigt, alle für das Verständnis und die Verdeutlichung des Themenkomplexes „kommunale Flüchtlingspolitik" notwendig erscheinenden Inhalte erfaßt, interpretiert und einander zugeordnet werden. Dadurch erfolgt gleichzeitig die eingangs erwähnte Konkretisierung und Bestimmung des Begriffes der "kommunalen Handlungsspielräume".

---

[16] Denkbar wäre es über den Deutschen Städtetag, einzelne Länderregierungen, offensive Öffentlichkeitsarbeit etc. Einfluß auf den Bundesrat, Bundestag oder Bundesregierung zu nehmen.

[17] Recherchiert wurden in diesem Zusammenhang im OPAC-System der Bayerischen Staatsbibliothek, in den Bibliotheken der einschlägigen Institute der LMU-München (Geschwister-Scholl-Institut für Politikwissenschaften, Institut für Völkerrecht) und den dort installierten Suchdiensten, im Recherchedienst JURIS und mit den gängigen Suchmaschinen des Internet (Stand Nov 1997).

[18] Vgl. Berg-Schlosser, Dirk, "Einführung in die Politikwissenschaft", München, 5. Auflage, 1992, S. 81-134.

Des weiteren wird diese Arbeit - den Gegebenheiten des zu untersuchenden Gegenstandes entsprechend und gemäß der Methodik James Stuart Mills und seinem Verständnis von Induktion[19] - generell durch ein induktives, d.h. vom empirischen Material ausgehendes Vorgehen geprägt sein.[20] Für Mill, der Induktion auch als "Verallgemeinerung im Ausgang von Erfahrung" bezeichnet, ist ausschließlich induktives Schließen ein wirkliches Schließen und demgemäß kommt der induktiven Methode innerhalb Mills Erkenntnistheorie eine zentrale Stellung zu.[21] In Übereinstimmung mit diesen methodologischen Grundlegungen, soll hier "vom Besonderen der kommunalen Flüchtlingspolitik der Stadt München" auf "das Allgemeine der rechtlichen und politischen Rahmenbedingungen zur Gestaltung einer kommunalen Flüchtlingspolitik in Deutschland" geschlossen werden. Auf die alternative Möglichkeit, diese Fragestellung in Form einer komparatistischen Untersuchung mit exakt definierten Variablen und zugspitzteren Zielfragen anzulegen, wird im Schlußteil kurz eingegangen.
Wichtig erscheint in diesem Zusammenhang auch die Klärung der Frage, ob das Problem der bosnischen Bürgerkriegsflüchtlinge einen derart speziellen Sonderfall darstellt, daß es nur bedingt geeignet ist, generelle empirische Schlußfolgerungen daraus zu ziehen, wie es die Konzeption der vorliegenden Untersuchung bisher vorsieht. Dies kann aus mehreren Gründen verneint werden. Zum einen verweisen die Anfänge kommunaler Flüchtlingspolitik in München zurück auf das Jahr 1985, d.h. die Ursprünge liegen weit entfernt von der heutigen aktuellen Problemkonstellation und zum anderen verdeutlicht diese Frage nur den schon in der Definition erläuterten wichtigen Aspekt der Flexibilität der behördlichen Struktur innerhalb dieses Politikfeldes. Damit ist gemeint: so wie es in der Natur der Sache "Flüchtlingsproblematik" liegt, in kürzester Zeit unvorhersehbare Wendungen zu nehmen und völlig neue Entwicklungen hervorzubringen[22], so muß auch die institutionelle Struktur kommunaler

---

19 Mill, John Stuart, "System der deductiven und inductiven Logik, 3. Buch "Von der Induction", viertes und achtes Kapitel, Braunschweig, 1862.

20 Vgl. Seiffert, Helmut, "Einführung in die Wissenschafts-Theorie 1", München, 1970, S. 185-246.

21 Vgl. Schumacher, Ralph, "John Stuart Mill", Frankfurt/Main; New York, 1994, S. 71/72.

22 Man betrachte die Albanien-Krise oder den Kosovo-Konflikt, um nur zwei der aktuellsten und zentral in Europa gelegenen Konflikte zu erwähnen, die im Falle einer Eskalation sehr schnell zu erneuten Flüchtlingsbewegungen führen könnten. Dies hätte mit sehr großer Wahrscheinlichkeit auch spürbare Auswirkungen auf Deutschland.

Flüchtlingspolitik die flexible Anpassung an aktuelle Situationen und veränderte inhaltliche Schwerpunkte ermöglichen.[23]

Was den juristischen Teil der Untersuchung anbelangt, so sollen neben dem Verfahren nach den Regeln der Subsumtion[24] bei der Betrachtung und der Analyse der völkerrechtlichen, nationalen und kommunalen Normen vornehmlich die juristischen Methoden der systematischen und teleologischen Auslegung Anwendung finden. Bei der systematischen Auslegung liegt der Schwerpunkt in der Zusammenschau des speziellen auszulegenden Gesetzes mit den übrigen diesen Rechtsbereich betreffenden Normen, während die teleologische Auslegung das Hauptaugenmerk auf den Zweck und das Ziel des Gesetzes legt. Die teleologische Auslegung versucht, den Zweck des Gesetzes am Besten zu verwirklichen, zugleich aber negative Nebenwirkungen soweit wie möglich zu verhindern.
Gemäß dem Ziel der rechtssystematischen Methode besteht hier ein systematisch-normatives Interesse am Erhalt oder gegebenenfalls an der Herstellung einer Gesamtschlüssigkeit des Völkerrechtssystems im Bereich des Asyl- und Flüchtlingsrechtes.[25]
Angesichts eines so eminent politischen Gegenstands wie der des internationalen Flüchtlingsschutzes und seiner Verortung im Grenzbereich zwischen Recht und Politik, ergibt es sich aus der Natur der Sache, daß ein rein normativer Ansatz nicht zu umfassenden Aussagen führen kann; dies kann nur in Form eines interdisziplinär angelegten Untersuchungskonzeptes und unter Berücksichtigung der politischen Realitäten und Besonderheiten erfolgen.[26]

Für die Forschungsfrage ist von Bedeutung, ob es gelingt, diese Untersuchung - über eine bloße deskriptive und normative Betrachtung hinaus

---

23 Zu den institutionellen und bürokratischen Voraussetzungen vgl. Kap. III.3. und Kap. IV.

24 "Die Fähigkeit zur Subsumtion ist die für die menschliche Urteilskraft zentrale Fähigkeit, einen konkreten Fall als Anwendungsfall einer allgemeinen Regel zu erkennen", I. Kant, Kritik der reinen Vernunft, Philosophische Bibliothek, Bd. 37a, Hamburg 1960, S. 193 u. 196 ff.

25 Ziel der rechtssystematischen Methode in der Völkerrechtswissenschaft ist in erster Linie die Suche nach und die Bewahrung der Einheit bzw. der Homogenität der Rechtsordnung hinsichtlich oberster Werte sowie der Einheitlichkeit bzw. Konsistenz, der Folgerichtigkeit und Widerspruchsfreiheit in der Anwendung des Rechts. Vgl. K. Larenz, „Methodenlehre der Rechtswissenschaft", 1983, S. 310 ff.

26 Vgl. Benedek, Wolfgang, „Die Rechtsordnung des GATT aus völkerrechtlicher Sicht", Berlin 1990, S. 13 ff.

- in Anlehnung an die Lijphart'sche Terminologie[27] als eine "hypothesengenerierende Untersuchung" zu formulieren, an deren Ende sich diskussionswürdige und aussagekräftige Thesen zum Verhältnis zwischen internationalem Flüchtlingsschutz, flüchtlingspolitisch relevanter Bundesgesetzgebung und aktueller bundesdeutscher Kommunalpolitik finden. Sollte es darüber hinausgehend gelingen, dem innerhalb der bundesdeutschen Politikwissenschaft vorherrschenden Trend, sich im Zweifelsfall in drängenden, den eigenen enggesteckten Rahmen überschreitenden Fragestellungen für nicht zuständig zu befinden, zu widersprechen, so wäre dies ein weiterer positiver Effekt dieser Arbeit.[28]

Struktur der Arbeit

Das Anliegen und Ziel dieser Untersuchung ist es zum einen, am Beispiel der bosnischen Bürgerkriegsflüchtlinge die Verortung des Themas "Flüchtlingsschutz" im Gesamtrahmen von völkerrechtlichen Übereinkünften, nationalstaatlichen Bestimmungen und kommunalen Interessen darzustellen, um dann darauf aufbauend in einem zweiten Schritt anhand des Beispiels der Stadt München den Beweis der Notwendigkeit, der Kompetenz und der Legitimation einer kommunalen Flüchtlingspolitik zu erbringen.
Aus diesem Grund werden im ersten Kapitel knapp und prägnant die rechtlichen und institutionellen Grundlagen der internationalen Flüchtlingspolitik dargestellt. Abgschlossen wird das Kapitel mit einer kurzen Darlegung der aktuellsten Probleme des völkerrechtlichen Flüchtlingsschutzes hinsichtlich der Bürgerkriegsflüchtlinge.
Das zweite Kapitel hat die Skizzierung der flüchtlingspolitisch relevanten Normen und Institutionen der Bundesrepublik Deutschland und der Bundesländer zum Ziel, welche die Grundlage für eine fundierte Beschäftigung mit den vorhandenen Regelungs- und Ermessensspielräumen auf kommunaler Ebene bilden. Da die kommunale Flüchtlingspolitik der Stadt München im Zentrum der Untersuchung steht, soll bei der Analyse der länderspezifischen Flüchtlingspolitik im Zusammenhang mit den bosnischen Bürgerkriegsflüchtlingen das Augenmerk auf der aktuellen Flüchtlingspolitik des Freistaates Bayern liegen.
Im dritten Kapitel der Arbeit, das den Schwerpunkt der gesamten Untersuchung darstellt, kommt es zur detaillierten Darstellung des vorhande-

[27] Vgl. Lijphart, Arend, „Comparative Politics and the Comparative Method", in: APSR 65, S. 682-693, hier: S. 691 ff.

[28] Vgl. Wolfgang Seibel, "Im Zweifelsfall unzuständig", in: Die Zeit Nr. 43 am 17.10.1997, S. 50.

nen kommunalen Handlungspielraumes unter Berücksichtigung der einschlägigen politischen und ökonomischen Einwände und juristischen Limitierungen. Auf die Darstellung dieses kommunalen Handlungsspielraumes soll die Beschreibung der Praxis folgen und in einem dritten Schritt zwingenderweise die Kritik und Diskussion derselben - dies alles erfolgt auf der Basis des unter Punkt Methodik erläuterten Mehrebenen-Ansatzes. Am Ende des dritten Kapitels soll eine Zusammenfassung der Ergebnisse sowie ein Fazit aus den dargestellten Überlegungen enthalten sein.
Das ambitionierte Unterfangen, in Form eines Ausblickes mögliche konzeptionelle Ideen für eine zukunftsorientierte kommunale Flüchtlingspolitik zu entwerfen, ist als Inhalt des vierten und letzten Kapitels gedacht.

Quellenlage

Was die Inhalte der Kapitel I. und II. betrifft, so kann auf eine reichhaltige Quellenlage zurückgegriffen werden, wobei hier vornehmlich völker- und bundesrechtliche Gesetzestexte und darauf bezogene Sekundärliteratur als Grundlage dienen. Schwierigerer gestaltet es sich, Quellen und Informationen ausfindig und zugänglich zu machen, die sich auf die Inhalte der Kapitel III. und IV. beziehen, da bereits der Terminus technicus "kommunale Flüchtlingspolitik" innerhalb der deutschen Rechts- und Politikwissenschaft nicht existiert. Hier sind die Grundlagen vielfach in Form verwaltungs- oder behördeninterner Schreiben und Erlasse, als spezielle Rechtsgutachten oder Gerichtsentscheidungen, durch politisch-programmatische Erklärungen wie Stadtratsanträge etc. oder durch Interviews, Zeitungsartikel und persönliche Gespräche gegeben. Einschlägige Veröffentlichungen wie z.B. der Bericht des Flüchtlingsamtes der Stadt München, auf die bei der Verfertigung dieser Arbeit zurückgegriffen werden konnte, bilden eine Ausnahme.

I. KAPITEL

RECHTLICHE UND INSTITUTIONELLE GRUNDLAGEN DER INTERNATIONALEN FLÜCHTLINGSPOLITIK HINSICHTLICH DES SCHUTZES VON BÜRGERKRIEGSFLÜCHTLINGEN

I.1. Die Institutionen der internationalen Flüchtlingspolitik

I.1.1. Der Hohe Flüchtlingskommissar der Vereinten Nationen (UNHCR)

Der Hohe Flüchtlingskommissar der Vereinten Nationen (UNHCR) wurde 1950 mit der Maßgabe gegründet, eine "unpolitische Arbeit" zu leisten; er sollte sich auf "humanitäre und soziale Art und Weise mit Flüchtlingsgruppen oder -kategorien befassen"[29]. Daß es sich bei der Tätigkeit des UNHCR nur schwerlich um eine "unpolitische Arbeit" handeln kann, verdeutlicht ein Blick auf das Aufgabenfeld, welches neben vielen anderen Herausforderungen die Fortentwicklung des internationalen Flüchtlingsrechts, die "mahnende Überwachung" der Einhaltung der Genfer Flüchtlingskonvention, die Mobilisierung materieller Hilfe, die Gewährung von Rechtsschutz für Flüchtlinge und die Hilfestellung bei der Repatriierung von Flüchtlingen vorsieht.[30] Ein langsames Abrücken von einem dezidiert "unpolitischen Ansatz" kann auch im Vorwort des aktuellen Weltflüchtlingsberichtes der derzeitigen Hohen Flüchtlingskommissarin Sadako Ogata festgestellt werden, in dem eine immer engere Verbindung zwischen der Arbeit des UNHCR und einer politischen Vermittlungstätigkeit, zwischen Friedensicherungseinsätzen und der Verteidigung der Menschenrechte prognostiziert wird.[31]

Die neunziger Jahre brachten für die Arbeit des UNHCR neben einem rein quantitativen Zuwachs an Flüchtlingen[32] auch veränderte Aufgaben

---

[29] Satzung des UNHCR vom 14.12.1950 (Resolution 428 V der UN-Generalversammlung), abgedruckt u.a. in: Simma, Bruno/Fastenrath, Ulrich, (Hrsg.), "Menschenrechte - Ihr internationaler Schutz", München 1992.

[30] Nuscheler, Franz, "Internationale Migration. Flucht und Asyl", Opladen 1995, S. 84

[31] UNHCR (Hrsg.), "The State of the World's Refugees 1995", Oxford, New York u.a. 1995, S. 9

[32] Die Zahl der Menschen, für die der UNHCR Verantwortung trägt, ist in den letzten Jahren sehr stark angestiegen - von ca. 10 Millionen Mitte der achtziger Jahre auf

mit sich. So sollte der UNHCR in den Kriegsgebieten des früheren Jugoslawien unter dem brüchigen Schutz der UNPROFOR-Truppen die humanitäre Hilfe organisieren, sich um die Opfer der "ethnischen Säuberungen" kümmern und bei alldem seiner Verpflichtung zur politischen Neutralität gerecht werden.

Nicht zuletzt auch die Ereignisse im Verlauf des Krieges in Bosnien haben dazu geführt, daß der UNHCR heute auf der Grundlage eines weitergehenden Flüchtlingsbegriffes arbeitet, als es die in der Genfer Flüchtlingskonvention enthaltene Definition vorgibt, indem er sich beispielsweise aktuell auch der Problematik der Binnenflüchtlinge annimmt. Trotz einer eindruckvollen Leistungsbilanz[33] wurde in den letzten Jahren zunehmend auch Kritik an der Arbeit des UNHCR laut. Moniert wurde dabei die Beschränkung auf offensichtlich unzureichende kurativ-humanitäre Notmaßnahmen und einer politischen Zurückhaltung angesichts der Tatsache, daß Flüchtlinge vor allem Opfer der Politik sind und das Festhalten an einem nach wie vor verengten Flüchtlingsbegriff.[34] Oftmals wird hierbei übersehen, daß es an den einzelnen Staaten und Regierungen läge, das Handlungsmandat des UNHCR zu erweitern und zudem seine Handlungsfähigkeit durch ausreichende und fest zugesagte Finanzmittel zu verbessern, und daher eine vorschnelle Kritik am UNHCR selbst zu kurz greift. Die Finanzierung des UNHCR erfolgt jährlich neu auf der Basis freiwilliger Abgaben der Mitgliedsstaaten, was politische und finanzielle Auswirkungen hat. Denn sehr wahrscheinlich ist es, daß die oft kritisierte diplomatische Zurückhaltung des UNHCR in vielen Fällen nicht nur auf sein "unpolitisches" Mandat, sondern eben auch auf die finanzielle Abhängigkeit von den wichtigsten Geberländern[35] zurückzuführen ist.[36] An diesem Punkt setzt auch die Kritik von Amnesty International an, die in der Forderung mündet: "Soll der UNHCR seiner Aufgabe als unpolitische Organisation, die Schutz und Unterstützung

---

17 Millionen im Jahre 1991 und mehr als 27 Millionen Anfang 1995 (Vgl. The State of the World's Refugees 1995, S. 22)

33 Der UNHCR wurde für den von ihm erbrachten Einsatz für die Flüchtlinge der Welt schon zweimal (1954 und 1981) mit dem Friedensnobelpreis ausgezeichnet.

34 Nuscheler, Franz, "Internationale Migration", S. 86

35 Ganz im Gegensatz zu der weitverbreiteten Ansicht, derzufolge die BRD zu den wichtigsten Geldgebern des UNHCR zählt, stellt sich die Realität so dar, daß sich die BRD im Jahr 1994 in absoluten Zahlen auf Rang 12 der Liste von UNHCR-Geldgebern befand; in Relation zur Bevölkerungszahl, d.h. bei der Berechnung der Pro-Kopf-Aufwendung war die BRD gar auf Rang 17 zu finden. Vgl. UNHCR-Bericht 1995/96, Zur Lage der Flüchtlinge in der Welt, Bonn 1995, S. 279.

36 Steinacker, Karl, "Der Hohe Flüchtlingskommissar und die Mär von der unpolitischen Flüchtlingshilfe", in: Ashkenasi, Abraham (Hrsg.), Das weltweite Flüchtlingsproblem, Bremen 1988, S. 178-194.

gewährt, richtig nachkommen, braucht er langfristig finanzielle Stabilität und erkennbare politische Unabhängigkeit"[37].

I.1.2. Der Europäische Gerichtshof für Menschenrechte

In zunehmendem Maße trägt auch der Europäische Gerichtshof für Menschenrechte durch die verbindliche Auslegung der Europäischen Menschenrechtskonvention (EMRK) zur Gestaltung des internationalen Flüchtlingsrechtes bei.[38] Zudem kann davon ausgegangen werden, daß seine Position durch die Neuerungen[39] des gestrafften Kontrollmechanismus, der Ständigkeit seiner Einrichtung[40] und die Stärkung durch die Besetzung mit Vollzeitrichtern zukünftig gestärkt sein wird.[41] Dadurch, daß sich alle Mitgliedsländer des Europarates dem Prinzip der Individualklage unterworfen haben, besteht in Fällen von Menschenrechtsverletzungen und nach Ausschöpfung des nationalen Instanzenweges die Möglichkeit, sich mit einer Individualklage unmittelbar an das Straßburger Menschenrechtstribunal zu wenden.
Weiter Organe, die sich zwar nicht primär und direkt mit Fragen der internationalen Flüchtlingspolitik befassen, deren Arbeit jedoch Einfluß auf die Behandlung von Flüchtlingen durch die jeweiligen nationalen Regierungen nehmen, sind das UN-Folterkomitee, der UN-Menschenrechtsausschuß, der Europarat, die UN-Menschenrechtskommission, der Hohe Kommissar für Menschenrechte sowie die verschiedenen Träger der internationalen Entwicklungshilfezusammenarbeit, die in stärker werdendem Maße mit der Flüchtlingshilfe befaßt sind.

---

[37] Amnesty International (Hrsg.), "Refugees. Human rights have no borders.", London 1997, S. 143.

[38] Vgl. die jüngste Rechtsprechungspraxis des Europäischen Gerichtshofes für Menschenrechte zu Fragen von Abschiebungshindernissen (Art. 2 und 3 EMRK); hierzu besonders: Marx, Reinhard, "Abschiebungsschutz bei fehlendem staatlichen Schutz: Die neuere Rechtsprechung des EGMR", NVwZ 1998, Heft 2, S. 153/154.

[39] Das Verfahren nach dem 11. Zusatzprotokoll vor einem ständigen Gerichtshof für Menschenrechte wird aller Voraussicht nach im November 1998 in Kraft treten, vgl. MRM - MenschenRechtsMagazin Heft 2/Februar 1997, S. 33.

[40] Bisher tagt der Europäische Gerichtshof für Menschenrecht nur Fallweise.

[41] Vgl. Das Parlament am 13.2.1998, S. 20, "31 Vollzeitrichter überwachen Grundrechte".

I.1.3. Die Nicht-Regierungorganisationen

Wichtige im Bereich der internationalen Flüchtlingspolitik tätige Institutionen und Organisationen, auf die hier nicht näher eingegangen werden kann, sind Nicht-Regierungs-Organisationen wie Amnesty International (ai), der European Council on Refugees and Exiles (ECRE), medico international, oxfam, Pro Asyl etc. und - mit einem meist mehr karitativen als politischen Impetus - die verschiedensten kirchlichen Einrichtungen. Ihre Leistungen im Einsatz für die Verbesserung des Rechtsstatus und der materiellen Situation von Flüchtlingen können nicht hoch genug eingeschätzt werden. Da es im Rahmen dieser Untersuchung im wesentlichen um die Möglichkeiten kommunal - behördlichen Engagements innerhalb der Flüchtlingspolitik geht, wird nur insofern auf die Nicht-Regierungsorganisationen einzugehen sein, als es die Zusammenarbeit mit einer Kommune betrifft.

I.2. Die völkerrechtlichen Normen der internationalen Flüchtlingspolitik

I.2.1. Die Flüchtlingsdefinition des Abkommens über die Rechtsstellung der Flüchtlinge

Die völkerrechtliche Grundlage für den Schutz von Flüchtlingen bilden das Abkommen über die Rechtsstellung der Flüchtlinge vom 28.7.1951[42], die sogenannte "Genfer Flüchtlingskonvention" (GFK) und das Protokoll über die Rechtsstellung der Flüchtlinge vom 31.1.1967[43]. Nach Auffassung der GFK wird als Flüchtling "jede Person, die sich aus der begründeten Furcht vor Verfolgung wegen ihrer Rasse, Religion, Nationalität, Zugehörigkeit zu einer bestimmten sozialen Gruppe oder wegen ihrer politischen Überzeugung außerhalb des Landes befindet, dessen Staatsangehörigkeit sie besitzt, und den Schutz dieses Landes nicht in Anspruch nehmen kann oder wegen dieser Befürchtungen nicht in Anspruch nehmen will"[44] bezeichnet.
Ziel dieses Abkommens und der darin verbürgten internationalen Schutzmaßnahmen sollte es sein, Flüchtlingen den Zugang zu den elementarsten Menschenrechten und Grundfreiheiten zu sichern, die ein Staat normalerweise seinen eigenen Bürgern gewährt.

---

42 "Genfer Flüchtlingskonvention", im folgenden GFK genannt; BGBl. 1953 II S. 560.

43 BGBl. 1969 II S. 1294.

44 Art. 1A Nr. 2 GFK. Diese Definition gilt allgemein als der "materielle Flüchtlingsbegriff".

Der Text der GFK, welcher den Versuch darstellt, auf einer allgemeinen Grundlage einen internationalen Kodex der Flüchtlingsrechte zu etablieren, geht jedoch von einem zunehmend unzureichenden Flüchtlingsbegriff aus, der bei weitem nicht alle sich auf der Flucht befindlichen Personen zu erfassen vermag. Eindrückliche Beispiele dafür sind Personen, welche vor den Gefahren eines Bürgerkrieges fliehen oder der Bedrohung durch eine ökologische Katastrophe zu entkommen suchen oder Frauen, welche sich den Auswirkungen sexueller und geschlechtsspezifischer Unterdrückung durch Flucht zu entziehen suchen. Verschiedenste Autoren weisen jedoch darauf hin, daß es nie das Ziel der internationalen Konferenz vom Juli 1951 gewesen sei, eine allgemeingültige und abschließende Definition des Flüchtlings festlegen zu wollen.[45] Dies gehe eindeutig aus der Empfehlung E der Schlußakte der UNO-Konferenz hervor, in der die Empfehlung an die Staaten ausgesprochen werde, Flüchtlingen, die nicht unter die Definition von Artikel 1 der Konvention fallen, nach Möglichkeit gleichwohl die Rechtsstellung von Konventionsflüchtlingen einzuräumen.[46] Weitere Argumente dafür, daß es sich bei der GFK mehr um eine völkerrechtliche Reaktion auf die Flüchtlingssituation eines bestimmten Zeitabschnittes handelt, als um eine umfassende und überdauernde Flüchtlingsdefinition, finden sich in der ursprünglich in der GFK enthaltenen zeitlichen Beschränkung auf vor 1951 aufgetretenen Fluchtursachen[47] und in der Option einer geographischen Begrenzung.[48] Diese Einschränkungen gelten heute zwar nicht mehr, da sie durch das Protokoll über die Rechtsstellung der Flüchtlinge von 1967 aufgehoben wurden und welches von der überwiegenden Mehrzahl der Staaten ratifiziert worden ist[49], doch mindert dies nicht die Dringlichkeit der Forderung nach einer Aktualisierung und Erweiterung des völkerrechtlichen Flüchtlingsbegriffes selbst.

Festzuhalten ist, daß es sich bei der Schutzgewährung immer um einen Akt staatlicher Souveränität handelt, auf den der Schutzsuchende keinen

---

[45] Hein, Christopher, "Einführung und Grundlagen - GFK, EMRK und weitere internationale Vereinbarungen", in: Barwig, Klaus et al (Hrsg.), "Asyl nach der Änderung des Grundgesetzes: Entwicklungen in Deutschland und Europa", Baden-Baden, 1994, S. 71-78, hier: S. 74.

[46] "...that all nations will be guided by it in granting so far as possible to persons in their territory as refugees and who would not be covered by the terms of the Convention, the treatment for which it provides." United Nations Conference of Plenipotentiaries on the Status of Refugees and Stateless Persons: Final Act and Convention relating to the Status of Refugees, Doc. A/Conf. 2/108, S. 9.

[47] Art. 1A Nr. 2 GFK.

[48] Art. 1B GFK.

[49] Das "New-Yorker-Protokoll" ist am 5.11.1969 für die BRD in Kraft getreten.

persönlichen Anspruch erheben kann. Somit regelt die GFK hauptsächlich die Rechte im Asyl und nicht das Recht auf Asyl.[50] Die für einen effektiven Verfolgungsschutz wichtigste Bestimmung der GFK ist der Art. 33 Abs.I, in welchem das "Non-Refoulement"-Gebot seinen Ausdruck findet und welches nach herrschender Meinung mittlerweile den Charakter völkerrechtlichen Gewohnheitsrechts erlangt hat[51]; dadurch sind auch Nicht-Unterzeichnerstaaten zur Einhaltung des Art. 33 Abs.I GFK verpflichtet. Der Grundsatz des non-refoulment verbietet Ausweisungen an Verfolgerstaaten auch dann, wenn in Auslieferungsverträgen die Pflicht dazu vereinbart wurde.[52]
Bei der Bestimmung des "allgemeinen Flüchtlingsbegriffes" gemäß der GFK stellt die "begründete Furcht vor Verfolgung"[53] einen zentralen Terminus dar. Entscheidend ist hierbei das subjektive, auf den einzelnen Flüchtling abstellende Element.[54] Nach dieser Auffassung muß ein kausaler Zusammenhang zwischen den Eigenschaften bzw. den Überzeugungen der betroffenen Person und der Verfolgung bestehen. Demgegenüber kommt es bei einer Beurteilung der Flüchtlingseigenschaft im Einklang mit den Kriterien der GFK auf die subjektiven Gründe und Motive des Staates bei der Verfolgung nicht an.[55] Auch aufgrund der Tatsache, daß sich die Verfolgungsmotivation eines Staates meist als unklar erweist und anhand von Indizien erschlossen werden muß, ist es unmöglich, die Motive des jeweiligen Staates zur Grundlage des Flücht-

---

50 Weshalb die bei Hiensdorfer, Zum Wesensgehalt des Grundrechts auf Asyl, Wissenschaftliche Dienste des Deutschen Bundestages, WF III - 183/82, zu findende Behauptung, "die GFK ... setzt den staatlichen Akt der Asylgewährung voraus" in dieser Allgemeinheit unpräzise und unzutreffend ist, vgl. Bierwirth, Christoph, "Kriegs- und Bürgerkriegsflüchtlinge im Flüchtlingsvölkerrecht", in: Pax Christi (Hrsg.), Kriegsflüchtlinge, Politische Vierteljahreszeitschrift Probleme des Friedens 1/1993, Idstein 1993, S. 51.

51 Vgl. Marx, Reinhard, "Rechtsprechungssammlung", Baden-Baden, 1984, S. 155; Amnesty International (Hrsg.), "Zwei Jahre neues Asylrecht", Bonn, 1996, S. 10/11.

52 Umstritten ist die Frage, ob der Grundsatz des "Non-refoulement" auch die Zurückweisung an der Grenze ausschließt. Während diese Auffassung früher verneint wurde, setzt sich inzwischen immer mehr die Überzeugung durch, daß Art. 33 Nr. I GFK auch Asylsuchende und Flüchtlinge an der Grenze vor der Zurückweisung in ihr Heimatland schützt. Vgl. Münch, Ursula, „Asylpolitik in der Bundesrepublik Deutschland: Entwicklung und Alternativen", Opladen, 1993, S. 14.

53 Art. 1. Nr. 2 Satz 1 GFK.

54 Kimminich, Otto, "Bonner Kommentar", 3. Auflage, Hamburg, 1984, Randnummer 396.

55 Nicolaus, Peter, "Der Flüchtlingsbegriff in der Genfer Flüchtlingskonvention und im Grundgesetz", in: Germershausen, A./Narr, W.-D. (Hrsg.), Flucht und Asyl, Berlin 1988, S. 59ff.

lingsbegriffes zu machen.[56] Zur Frage der ernsthaften Verfolgung ist in den Artikeln 31 und 33 der GFK prägnant und eindeutig zu lesen, daß sie in dem Moment als gegeben gilt, wenn sie eine reale Gefahr für das Leben oder für die Freiheit des Betroffenen begründet.[57] Selbstverständlich können auch andere schwerwiegende Menschenrechtsverletzungen in gleicher Weise eine Verfolgung darstellen.[58] Hierbei spielt die Frage nach der Wahrscheinlichkeit der Verfolgung kaum eine Rolle. Sehr klar kommt dies in einer Entscheidung des U.S. Supreme Court zum Ausdruck, in der es heißt: "There is simply no room in the United Nations' definition for concluding that because an applicant only has a 10 % chance of being shot, tortured or otherwise persecuted, that he or she has no "well-founded fear" of the event happening"[59].

Neben den Merkmalen der "Gefahr" und der "Verfolgung" müssen Ulrike Davy zufolge zwei weitere Merkmale "positiv" besetzt sein, damit die Flüchtlingseigenschaft gemäß der GFK bejaht werden kann. Zum einen muß die Verfolgung eine bestimmte Zielrichtung aufweisen, d.h. sie muß sich mit den in der GFK genannten persönlichen Merkmalen Rasse, Religion, Nationalität, Zugehörigkeit zu einer sozialen Gruppe und politische Meinung in Verbindung bringen lassen, und zum anderen müssen die Betroffenen zum Herkunftsland auf zweifache Weise in einem Verhältnis der Distanz stehen: a.) dürfen sie sich physisch nicht mehr auf dem Territorium des Herkunftsstaates aufhalten und b.) muß es ihnen an einem entsprechenden Schutz durch den Herkunftsstaat mangeln.[60]

Festzuhalten ist im Ergebnis, daß durch die Staatenpraxis und die damit verbundene Rechtsauslegung der GFK es bis zum heutigen Zeitpunkt allgemein verweigert wird, Bürgerkriegsflüchtlingen, d.h. Menschen, die

---

[56] Um die Motivation eines Verfolgerstaates zu erforschen muß es nämlich, wie das BVerwG richtig festgestellt hat, zu einer Bewertung dieses Staates kommen (BVerwGE 62, 123). Dies wiederum ist völkerrechtlich bedenklich.

[57] Anders als dies Artikel 31 und 33 GFK u.U. suggerieren, wird der Begriff der "Verfolgung" in der Flüchtlingskonvention nicht genauer definiert. In der Praxis wird er verstanden als eine Verletzung grundlegender Menschenrechte in einem Ausmaß, das den Schutz eines anderen Staates notwendig macht. Vgl. hierzu Goodwin-Gill, Guy S., The Refugee in International Law, 1996 und Hathaway, James C., The Law of Refugee Status, 1991.

[58] Vernant, J., "Le réfugié d'après la guerre", Rapport préliminaire. Genf 1951, S. 9 zitiert nach Jean-Yves Carlier, "Völkerrechtliche Grundlagen des Flüchtlingsrechts", in: Basso-Sekretariat Berlin (Hrsg.), Festung Europa auf der Anklagebank, Münster 1995, S. 19-31, hier: S. 22.

[59] U.S. Supreme Court, INS v. Cardoza-Fonseca, 480 U.S. 421 (440).

[60] Davy, Ulrike, "Verfolgung und kulturelle Differenz", in: ZAR, Heft 4, 1996, S. 151-158, hier: S. 151/152.

vor einer nichtinternationalen kriegerischen Auseinandersetzung geflohen sind, den Flüchtlingsstatus gemäß Art. 1 A der GFK zuzuerkennen.

I.2.2. Der Flüchtlingsschutz der Europäischen Menschenrechtskonvention (EMRK)

Die EMRK[61] enthält neben einem Katalog elementarer Menschenrechte und Grundfreiheiten auch ein völkerrechtliches Durchsetzungsverfahren. Jedem Flüchtling kommen als Person unter der Herrschaftsgewalt des Aufenthaltsstaates alle in der Konvention garantierten Rechte zu. Die EMRK enthält zwar kein ausdrückliches Recht auf Asyl oder ein Recht auf ein bestimmtes Verfahren bei der Bearbeitung des Asylantrages jedoch finden sich in ihr Bestimmungen von der Art, die in bestimmten Fällen einen Schutz vor Zurückweisung, Abschiebung, Ausweisung oder Auslieferung in das Land, in welchem dem Flüchtling Verfolgung droht, garantieren.[62] Auch die These von einem "indirekten Asylrecht"[63] im Rahmen der EMRK basiert darauf, daß Ausweisungsentscheidungen im Hinblick auf Art. 3 EMRK insofern Probleme aufwerfen, als sie einen Verstoß gegen das Verbot der unmenschlichen und erniedrigenden Behandlung darstellen können. Der Europäische Gerichtshof für Menschenreche hat in zahlreichen Urteilen der vergangenen Jahre anerkannt, daß eine Auslieferungsentscheidung gegen Art. 3 EMRK verstößt, wenn dem Betroffenen in dem Staat, an den er ausgeliefert werden soll, eine nach Art. 3 EMRK verbotene Behandlung droht.[64] Im Jahre 1991 folgte dann der Beschluß, daß auch für Ausweisungsentscheidungen grundsätzlich nichts anderes gelten kann.[65] Hinzu kommt, daß es in der Zwischenzeit als unbestritten gilt, daß ein Verbot der Abweisung an der Grenze be-

---

[61] BGBl. 1952 II S. 686, BGBl. 1968 II S. 1116 und S. 1120, BGBl. 1989 II S. 547 und BGBl. 1993 II S. 808. Das Wort "Europäische" ist im Originalwortlaut des Titels nicht enthalten.

[62] Die Konvention ist ein Vertrag zur kollektiven Durchsetzung der Menschenrechte und Grundfreiheiten, wie sie u.a. in Art. 3 EMRK "Schutz vor unmenschlicher und erniedriegender Strafe und Behandlung" verbürgt sind. Ziel und Zweck der Konvention erfodorn daher, daß ihre Normen als Schutzvorschriften praktisch wirksam und effektiv gestaltet verstanden und angewendet werden; vgl. EGMR, EuGRZ 1989, 314 ((318) (§ 87)) - Soering.

[63] Vgl. u.a. Ermacora, Felix, "Internationale Dokumente zum Menschenrechtsschutz", 1971, S. 93.

[64] Frowein, Jochen Abr.: "Der völkerrechtliche Rahmen für die Reform des deutschen Asylrechts: Gutachten" bearbeitet von Jochen Abr. Frowein und Andreas Zimmermann, Heidelberg-Köln 1993, S. 13-58, hier: S. 13.

[65] Urteil vom 20.3.1991, "Cruz Varas und andere vs. Schweden", EuGRZ 1991, S. 203.

steht, sollte die Person ansonsten einer unmenschlichen Behandlung ausgesetzt sein.[66] Generell dürfte für die Auslegung von Art. 3 EMRK wichtig sein, was der Gerichtshof im Fall Soering für die gesamte Konvention festhielt, nämlich daß die Auslegung in einer Weise zu erfolgen hat, daß ihre Verbürgungen "effektiv" und "wirksam" sind.[67] Ebenso ist für Flüchtlinge von Belang, daß Grundsätze wie die der Einheit der Familie und des Anspruchs auf rechtliches Gehör eine umfassende, also auch Flüchtlinge einschließende Bedeutung haben.[68]
Ob sich unter Berücksichtigung der Rechtsprechung des Europäischen Gerichtshofes für Menschenrechte daher eine Aussage von der Art, "daß die EMRK weder ein Recht auf Asyl noch bestimmte Verfahrensgarantien in Anerkennungsverfahren und auch kein Abwehrrecht gegen bevorstehende Ausweisung oder Auslieferung enthält"[69], aufrechterhalten läßt, muß ernsthaft in Frage gestellt werden.
Vielmehr zeichnet sich eine Tendenz in der Auslegung der EMRK durch den EGMR ab, die im Gegensatz zur Asylrechtsprechung des deutschen Bundesverwaltungsgerichtes in Abschiebungsfällen Art. 3 EMRK auch dann anwendet, wenn die Gefahren nicht von staatlichen Stellen ausgehen, sondern durch private Personen drohen können[70] oder im Zielstaat kein effektiver Schutz gegen Übergriffe durch nachgeordnete Behörden gewährleistet werden kann.[71] Ebenfalls wirksam wird dieser Schutz, wenn infolge eines Bürgerkriegs konkrete Gefahren für Leib und Leben bestehen.[72]
Da die Rechtsprechung des EGMR zu Art. 3 EMRK über die Anwendung von § 53 Abs. 4 AuslG erhebliche Auswirkungen auf die die deutsche asyl- und flüchtlingsrelevante Rechtsprechung hat, darf mit erhöhtem Interesse die zukünftige Spruchpraxis des Bundesverwaltungsgerichtes beobachtet werden. Seine bisher vertretene Ansicht, wonach Art. 3 EMRK grundsätzlich nur vor Mißhandlung durch staatliche Organe oder staatsähnliche Organisationen schützt[73] ist zweifellos weder mit der

---

66 Hailbronner, Kay, "Perspektiven einer europäischen Asylrechtsharmonisierung nach der Maastrichter Gipfelkonferenz", ZAR, 1992, S. 55.
67 EGMR, EuGRZ 1989, 314, Urteil des EuGH für Menschenrechte im Fall Soering, § 87.
68 Hein, Christopher, "Einführung und Grundlagen - GFK, EMRK.....", S. 77.
69 Uibopuu, Henn-Jüri, "Der Schutz des Flüchtlings im Rahmen des Europarats", AVR, Band 21, 1983, S. 60-103, hier: S. 100.
70 EGMR, NVwZ 1998, 163 oder auch InfAuslR 1997, 333 (§42).
71 EGMR, NVwZ 1997, 1078 (§§ 103 ff., 105, 107).
72 Marx, Reinhard, "Abschiebungsschutz bei fehlendem staatlichen Schutz: Die neuere Rechtsprechung des EGMR", NVwZ 1998, Heft 2, S. 153.
73 Zuletzt in: BVerwG, NVwZ 1997, 1127 (1128f.).

Rechtsprechung des EGMR noch mit der des Bundesverfassungsgerichtes vereinbar, derzufolge im Zweifel die verfassungsrechtlichen Grundrechte im Einklang mit der EMRK und der Rechtsprechung des EGMR auszulegen sind.[74]

Im wesentlichen ist das materielle internationale Flüchtlingsrecht somit in der Genfer Flüchtlingskonvention, dem dazugehörigen Protokoll und der Europäischen Menschenrechtskonvention enthalten. Hinzu kommen zahlreiche Artikel sowohl des Internationalen Paktes über bürgerliche und politische Rechte[75], des Internationalen Paktes über wirtschaftliche, soziale und kulturelle Rechte[76], als auch der UN-Anti-Folterkonvention[77], die Allgemeine Erklärung der Menschenrechte[78], die Flüchtlingskonvention der Organisation für Afrikanische Einheit (OAU)[79] und die Erklärung von Cartagena[80], die sich der Flüchtlingsproblematik mit einem speziell regionalen Fokus widmen.
Zusätzlich müssen an dieser Stelle auch die Beschlüsse des Exekutivkomitees (EXCOM) des UNHCR, das von Vertretern von 51 Staaten[81] gebildet wird und die Arbeit des UNHCR beaufsichtigen soll, Erwähnung finden. Die "Schlußfolgerungen" genannten Beschlüsse dieses Komitees stellen keine völkerrechtlich verbindlichen Beschlüsse im Sinne eines

---

[74] BVerfGE 74, 358 (370) = NJW 1987, 2427; s. hierzu auch: Kirchhof, EuGRZ 1994, 16 (31 f.); Bernhardt, EuGRZ 1996, 339; zitiert nach: Marx, Reinhard, "Abschiebungsschutz ..." a.a.O., 1998, S. 154

[75] BGBl. 1973 II S. 1534. Zu diesen Rechten zählen: das Recht auf Leben, das Recht auf Schutz vor Folter und anderer grausamer, unmenschlicher oder erniedrigender Behandlung oder Strafe, das Recht auf Gedanken-, Gewissens- und Religionsfreiheit um nur einige der Wichtigsten zu nennen.

[76] BGBl. 1973 II S. 1570. Hierbei wären besonders die im Pakt enthaltenen Formulierungen hervorzuheben, "daß alle Menschen, auch Flüchtlinge und andere Vertriebene, das Recht auf Schutz vor Hunger sowie ein Recht auf Bildung, Bekleidung, Unterkunft und "stetige Verbesserung der Lebensbedingungen" haben."

[77] BGBl. 1990 II S. 247.

[78] Abgedruckt u.a. in: "Völkerrechtliche Verträge", Beck-Texte im dtv, München 1994, S. 179 ff.

[79] United Nations Treaty Series, Nr. 14691. Die 1969 verabschiedete und am 20. Juni 1974 in Kraft getretene Konvention erweitert die Flüchtlingsdefinition für Afrika und stellt einen völkerrechtlich verbindlichen Vertrag dar.

[80] Obwohl die 1984 von zehn lateinamerikanischen Staaten verabschiedete Erklärung, welche den Flüchtlingsbegriff gegenüber der GFK erweitert, keinen völkerrechtlich verbindlichen Vertrag darstellt, wurde sie doch zur Grundlage der Flüchtlingspolitik in der Region und in die gesetzlichen Regelungen mehrere Staaten aufgenommen; vgl. Amnesty International (Hrsg.), Freiwillige Flüchtlinge gibt es nicht, Bonn 1997, S. 47.

[81] Die Bundesrepublik Deutschland ist ebenfalls Mitglied des EXCOM.

alle Vertragsparteien bindenden Übereinkommens dar, sondern werden als sogenanntes "soft law" charakterisiert.[82]
Da die "Schlußfolgerungen" jedoch meistens mit allseitiger Zustimmung verabschiedet werden, bringen sie doch den Willen der dort vertretenen Staaten zum Ausdruck, stellen also - was die Normentwicklung anbelangt - eine Richtungsvorgabe dar und entfalten einen verfestigenden Charakter.[83]
Das Amt des Hohen Flüchtlingskommissars selbst betrachtet eigenen Angaben zufolge die Beschlüsse des Exekutiv-Komitees, gemeinsam mit den einschlägigen Resolutionen der Generalversammlung der Vereinten Nationen, als Rechtsquellen und als wertvolle Interpretationshilfe für alle im Rahmen des Amtes an der Lösung von Flüchtlingsproblemen Mitwirkenden.[84]

I.3. Aktuelle Probleme des völkerrechtlichen Flüchtlingsschutzes - Zwischenbilanz

I.3.1. Recht auf Asyl

Ungeachtet der erheblichen Fortschritte bei der Erarbeitung und Kodifizierung verschiedenster menschenrechtlicher Normen taucht der einzelne Mensch im gegenwärtigen Völkerrecht nur partiell als Rechtsträger auf.[85] Kimminich sieht eine für den völkerrechtlichen Flüchtlingsschutz bedeutsame jedoch noch ungeklärte Frage darin, ob aus der generellen völkerrechtlichen Pflicht zur Hilfeleistung in bestimmten Fällen nicht auch eine Plicht zur Aufnahme von Flüchtlingen durch Drittstaaten abgeleitet

---

[82] Zur Entstehung und grundsätzlichen Bedeutung des Begriffes vgl. Chinkin, C.M., "The challenge of soft law", in: International and Comparative Law Quarterly, 1989, S. 850 ff. Für Verhaltensregeln, welche außerhalb der klassischen "Rechtsquellentrias" gemäß Art. 38 IGH-Statut entstehen, hat sich die Bezeichnung "soft law" eingebürgert. Kimminich verweist darauf, daß es sich bei soft law um "geltendes Recht mit geringerer Durchsetzungskraft" handelt (Kimminich, Otto, Einführung in das Völkerrecht, Tübingen/Basel 1992, S. 256). Zudem kommt dem soft law sowohl aufgrund des Vertrauensprinzips, als auch des Estoppel-Prinzips eine Autorität zu, derzufolge die Staaten gehalten sind, sich den Regeln gemäß zu verhalten haben, welchen sie zugestimmt haben.

[83] Vgl. Entscheidung des Verwaltungsgerichtes Berlin vom 22.1.1996 - VG 35 A 1608/95 in: InfAuslR 5/96, S. 188-194.

[84] Moussalli, Michel, in: UNHCR (Hrsg.),"Internationaler Rechtsschutz für Flüchtlinge", Baden-Baden 1988, S.1.

[85] Verdross, Alfred/Simma, Bruno, „Universelles Völkerrecht", Berlin, 1984 S. 255 ff

werden kann.[86] Die Tatsache, daß der Flüchtling im Kriegsrecht, d.h. im Falle eines internationalen bewaffneten Konfliktes nur am Rande erwähnt wird, läßt erahnen, um wieviel komplizierter sich seine Situation im Falle eines sogenannten Bürgerkrieges, also eines nichtinternationalen bewaffneten Konfliktes darstellt. Da es sich hier um innere Angelegenheiten souveräner Staaten handelt, sind diese definitionsgemäß dem Wirkungsbereich des Völkerrechts entzogen; denn auch nach geltendem Völkerrecht sind grundsätzlich nur die souveränen Staaten, nicht aber Völker, Volksgruppen oder Einzelmenschen, Völkerrechtssubjekte.[87] Angesichts der Entwicklungen im Bereich des Humanitären Völkerrechts erscheint dies unverständlich. Auch die GFK hob den Souveränitätsgrundsatz nicht auf, der darin zum Ausdruck kommt, daß allein der einzelne Staat darüber entscheidet, wen er als Flüchtling anerkennen will.[88] Ebenso bemerkenwert ist die Tatsache, daß in der Allgemeinen Erklärung der Menschenrechte von 1948 das Asylrecht - mindestens materiell - ausgeklammert ist, da es in Art. 14 der Allgemeinen Erklärung der Menschenrechte zwar erwähnt, jedoch keinesfalls inhaltlich garantiert wird. Enttäuschend verliefen auch alle weiteren Versuche der vergangenen Jahrzehnte auf UN-Ebene zu einer stärkeren normativen Verankerung des Asyl- und Flüchtlingsrechtes zu kommen: Nachdem es am 14.12.1967 nur zur Verabschiedung einer rechtlich unverbindlichen Asylrechtserklärung durch die UN-Generalversammlung[89] gekommen war, war das Scheitern einer im Jahre 1977 von den Vereinten Nationen nach Genf einberufenen diplomatischen Konferenz zur Erarbeitung einer Konvention über territoriales Asyl die konsequente Fortsetzung dieser "Asylverweigerungspolitik" der souveränen Staaten.[90] Die damalige politische Situation war stark geprägt durch ideologische Gegensätze und Blockbildung, doch darf bezweifelt werden, ob ein erneuter Versuch, ein wirk-

---

[86] Kimminich, Otto, "Neue Probleme im Asylrecht...", S. 164/165.

[87] Kimminich, Otto, "Neue Probleme im Asylrecht...", S. 168. Eine andere Meinung hierzu vertreten Verdross/Simma, „Universelles Völkerrecht“, Rdnr. 3, 48, 73, 422ff. und 682.

[88] Nuscheler, Franz, "Internationale Migration...", S. 79.

[89] "UN-Declaration of Territorial Asylum", verabschiedet von der UN-Vollversammlung am 14.12.1967. Abgedruckt in: UNHCR: Collection of International Instruments Concernign Refugees, Genf 1988, S. 57.

[90] Ermacora stellt fest: "Es ist nicht gelungen, diese Asylprobleme völkerrechtlich weiter zu entfalten (...) Das Asylrecht wurde nicht zum allgemeinen Menschenrecht ausgebildet." Auch eine Spur von Desillusion kling mit, wenn er zum Schluß kommt, "...letztlich ist der Flüchtling auf sich selbst zurückgeworfen.", Ermacora, Felix, "Die Asyl- und Flüchtlingsproblematik aus völkerrechtlicher Sicht", in: Okkenfels, Wolfgang (Hrsg.), Problemfall Völkerwanderung: Migration - Asyl - Integration, S. 114/115.

sames juristisches Instrument zu schaffen, um allen Flüchtlingen der heutigen Zeit angemessenen Schutz und einen Rechtsstatus zu sichern, derzeit von Erfolg gekrönt wäre.

I.3.2. Flüchtlingsbegriff - Flüchtlingsdefinition

Wenngleich grundsätzlich auch im Falle eines Bürgerkriegs eine Verfolgung gemäß dem Wortlaut der GFK vorliegen kann, so ergibt sich durch die bisher angestellten Betrachtungen doch, daß die völkerrechtlichen Grundlagen zur Aufnahme von Bürgerkriegsflüchtlingen unzureichend sind. Dies läßt sich nachdrücklich am Beispiel des derzeit gültigen völkerrechtlichen Flüchtlingsbegriff aufzeigen, der sich zum einen zu sehr an den juristischen Aspekten des Flüchtlingsproblems orientiert und zum anderen nach Meinung zahlreicher Sachverständiger die Realität nicht mehr ausreichend widerspiegeln kann, da "... die Grenzen der ausdehnenden Interpretation, mit deren Hilfe neue Flüchtlingskategorien in den Rechtsschutz der Konvention einbezogen werden können, erreicht oder sogar bereits überschritten worden seien".[91] Man muß nicht dem anderen Extrem verfallen und als Gegenmodell zum juristischen einen sehr weit gefassten gesellschaftlichen Flüchtlingsbegriff propagieren[92] um zu erkennen, daß es dem durch Rechtsprechung und höchstrichterliche Rechtsfortbildung begrenzten Bereich des juristischen Flüchtlingsbegriffes unmöglich ist, das zu beschreiben, was auf der phänomenologischen Ebene die Problematik der weltweiten Flüchtlingsbewegung ausmacht. Im Gegenteil, die vom juristischen Flüchtlingsbegriff geforderte individuelle Flüchtlingseigenschaft fördert die Wahrnehmung der Flüchtlingsproblematik als die Summe einzelner Ereignisse, als vorübergehende Einzelphänomene.[93] Andere Autoren weisen demgegenüber daraufhin, daß Flüchtlingsbewegungen heute ein fester und nahezu typischer Bestandteil nationaler und internationaler Politik sind.[94]

---

[91] Kimminich, Otto, "Neue Probleme im Asylrecht...", S. 160.

[92] Vgl. das Plädoyer wider die juristische Einengung des Flucht- und Flüchtlingsbegriff bei Stienen, Angelika, Integration - Emanzipation: ein Widerspruch: kritische Analyse sozialwissenschaftlicher Konzepte zur "Flüchtlingsproblematik", Saarbrücken 1991, S. 43 ff.

[93] Höfling-Semnar, Bettina, "Flucht und deutsche Asylpolitik - Von der Krise des Asylrechts zur Perfektionierung der Zugangsverhinderung", Münster 1995, S. 25/26.

[94] "Flüchtlingsbewegungen erscheinen..(...)..als Faktoren im politischen, gesellschaftlichen und internationalen Geschehen, mit eigener Funktion und Bedeutung, ..(...)..als auch der Funktionsweise des internationalen politischen Systems", Nicolaus, Peter et al zitiert nach Höfling-Semnar, Bettina, "Flucht und deutsche Asylpolitik", S. 26.

Als einer neuen Flüchtlingskategorie ist die Rede von "Gewaltflüchtlingen"[95], womit Personen bezeichnet werden, die "Unruhen, Bürgerkriegssituationen und allgemeiner Mißachtung der Menschenrechte zu entfliehen suchen, ohne selber bereits individuell gefährdet zu sein"[96]. Welche Bedeutung jedoch kommt einer "individuellen Gefährdung" zu, in einer Zeit, in der Krieg ohne Kriegserklärung gegen die Zivilbevölkerung geführt wird, in der als Kriegsziel offen oder verdeckt die physische Vertreibung und Ausrottung andere Ethnien ausgegeben wird ?
Dies alles unterstreicht die Notwendigkeit, den Regelungsbereich des humanitären Völkerrechts ohne Rücksicht auf die fragwürdig gewordene Unterscheidung zwischen Krieg und Frieden festzulegen und das internationale Flüchtlingsrecht sowohl als Teil des humanitären Völkerrechts[97] als auch alsTeil der Menschenrechte zu begreifen. Daß dies nicht ohne Auswirkungen auf das Verständnis und den Begriff von "Flüchtlingen" bleiben kann, scheint wahrscheinlich.
Da eine Erweiterung oder Ergänzung der Flüchtlingsdefinition in einer Zeit zunehmender Restriktionen der Aufnahmeländer gegenüber Flüchtlingen zunehmend unrealistisch erscheint, müßte verstärkt auf eine liberale und großzügigere Anwendung schon bestehender Rechtschutzsysteme gedrängt werden.[98]

I.3.3. Mandatserweiterung des UNHCR

Neben der Problematik der unzureichenden Flüchtlingsdefinition existiert auch eine Diskrepanz zwischen der theoretischen Definition des UNHCR-Mandats und einer jeweils "pragmatischen Lösung zur faktischen Mandatserweiterung"[99]. Dieser Umstand kam deutlich zum Vorschein, als sich der UNHCR in den Kriegsgebieten des ehemaligen Jugoslawien mit Aufgaben konfrontiert sah, auf die er weder in rechtlicher noch organisatorischer Hinsicht vorbereitet war. Die Notwendigkeit der

---

95 Vgl. Kälin, Walter, "Grundriß des Asylverfahrens", Basel 1990, S. 26.

96 Vgl. Kälin, Walter, "Der Schutz von de-facto-Flüchtlingen gemäß dem schweizerischen Asylgesetz", AWR-Bulletin 1990, Wien 1990, S. 72.

97 Sachlich ist die Anwendung von humanitärem Völkerrecht auf die Situation des nichtinternationalen bewaffneten Konflikts nicht Neues; denn schon die vier Genfer Konventionen von 1949 sehen in ihren Art. 3 die Anwendung eines Kernbereichs des humanitären Völkerrechts auf nichtinternationale bewaffnete Konflikte vor; vgl. Kimminich, Otto, "Neue Probleme im Asylrecht...", Wien 1994, S. 169.

98 Höfling-Semnar, Bettina, "Flucht und deutsche Asylpolitik...", S. 92.

99 Höfling-Semnar, Bettina, "Flucht und deutsche Asylpolitik...", S. 91.

Überprüfung des UNHCR-Mandats[100] kommt auch in dem Bericht an die Trilaterale Kommission zum Ausdruck, in dem folgende Maßnahmen gefordert werden:

- die Schaffung eines rechtlichen Rahmens und eines institutionellen Mandats für den Schutz potentieller Flüchtlinge, die innerhalb ihres Landes vertrieben wurden,
- die Absicherung der Hilfe durch militärische Schutzmaßnahmen,
- Initiativen zur Verhinderung von Fluchtbewegungen, da sich die Aussichten auf Asyl oder zeitweilige Zuflucht in den Industrieländern erheblich verschlechtert haben.[101]

Diese Sichtweise teilt Franz Nuscheler, Direktor des Instituts für Entwicklung und Frieden (INEF), wenn er fordert, das UNHCR-Mandat zu erweitern, "und zwar nicht nur auf der Grundlage von situationsbedingten ad-hoc-Beschlüssen, sondern auf der völkerrechtlich abgesicherten Grundlage einer neuen Flüchtlingskonvention, die den Ursachen und Dimensionen der Massenzuwanderung der Gegenwart besser gerecht wird".[102]

Das Problem der nunmehr unzulänglichen Flüchtlingsdefinition oder des kaum mehr realistischen UNHCR - Mandats berühren auch die Frage nach der Verantwortlichkeit für bestimmte Gruppen von Flüchtlingen sowie die Verhinderung von "Refugee-in-orbit" - Fällen.[103] Hierbei ist klar,

---

[100] UNHCR arbeitet seit Jahren auf der Basis eines erweiterten Mandats. Obgleich der Personenkreis, für den UNHCR tätig sein soll, nach Artikel 6 seiner Satzung eindeutig bestimmt zu sein scheint (Kriterien sind danach die Grenzüberschreitung, das Fehlen staatlichen Schutzes und die begründete Furcht vor Verfolgung wegen Rasse, Religion, Staatsangehörigkeit oder politischer Meinung), haben die UN-Generalversammlung, der ECOSOC, aber auch das UNHCR-Exekutiv-Kommitee sich wiederholt mit der Frage befaßt, für welche Flüchtlinge der UNHCR zuständig sein soll; auf diese Weise wurde bereits eine Erweiterung des personalen Zuständigkeitsbereiches des UNHCR vorgenommen, wobei umstritten ist, ob die Resolutionen der Generalversammlung eine Satzungsänderung darstellen. Obgleich es also zu einer Erweiterung der Zuständigkeit des UNHCR kam, hat dies im europäischen Raum nicht dazu geführt, daß die Staaten eine Ausdehnung des Flüchtlingsbegriffs vorgenommen hätten.

[101] Meissner, D./Hormats, R./Walter, A./Ogata, S., "Internationale Migration: Herausforderung einer neuen Ära", Forschungsinstitut der Deutschen Gesellschaft für Auswärtige Politik, Bonn 1993, S. 121.

[102] Nuscheler, Franz, "Internationale Migration...", S. 78

[103] Unter "Refugees-in-orbit" versteht man Situationen, in denen Flüchtlinge und Asylsuchende zwischen verschiedenen Staaten hin und hergeschoben werden und kein Staat bereit ist, Asylanträge entgegenzunehmen und in einem fairen Verfahren zu prüfen oder wenigstens vorübergehend Schutz zu gewähren, vgl. u.a.

daß es zunächst die Staaten sind, also das Herkunftsland und das Asylland, die die volle Verantwortung für die Flüchtlinge haben. Doch ist in diesem Zusammenhang auch auf die internationale Schutzfunktion hinzuweisen, die der UNHCR aufgrund von Art. 35 GFK ausübt. Um dieser eminent wichtigen Aufgabe gerecht zu werden und zu verhindern, daß Flüchtlinge durch die erzwungene Ausreise aus dem Herkunftsland zugleich aus der Struktur des Völkerrechts und des internationalen Schutzsystems herausfallen ist es erforderlich, nachdrücklich eine Änderung des UNHCR-Mandats einzufordern, um sicherzustellen, daß der UNHCR dieser spezifischen Verantwortung gerecht werden kann.[104]
Einen Versuch des UNHCR, diese Verantwortung wahrzunehmen, stellt das Modell der "vorübergehenden Schutzgewährung" dar, das im wesentlichen folgende Elemente enthält:
"Erstens sollten Bürger des ehemaligen Jugoslawien Zuflucht in anderen Ländern erhalten. Zweitens sollten sie im Zufluchtsland mit Blick auf ihre Rechte in "Übereinstimmung mit international anerkannten Menschenrechtsnormen" behandelt werden. Schließlich sollten sie bis zur Möglichkeit einer sicheren Rückkehr in ihre Heimat im Aufnahmeland bleiben können."[105]
In Anbetracht der Tatsache, daß der UNHCR mit der Entwicklung dieses Modells gleichzeitig darauf verzichtete, für die Bürgerkriegsflüchtlinge expressis verbis eine Behandlung nach der GFK einzufordern, wurde einmal mehr die Chance vertan - oder besser die Notwendigkeit verdrängt -, sich umfassend, grundlegend und staatenübergreifend mit diesem dringlichen Rechtsproblem auseinanderzusetzen. Hinzu kommt laut Gustav Koch das Problem, daß diesem aus der Not bzw. aus politischen Erwägungen geborenen Konzept die Züge der Improvisation anhaften, eine Tatsache die sich zwangsläufig in einer uneinheitlichen rechtlichen Behandlung der Bürgerkriegsflüchtlinge durch die europäischen Staaten widerspiegeln mußte.[106] Ungeachtet der Tatsache, daß auch den Maßstäben der GFK zufolge eine vorübergehende Aufnahme und rechtlich abgesicherte Behandlung von Bürgerkriegsflüchtlingen möglich gewesen

---

Krais, Jürgen/Tausch, Christian, "Asylrecht und Asylverfahren", München 1995, S. 168/169

[104] Vgl. hierzu auch Türk, Volker, "Wer ist für Flüchtlinge verantwortlich ?", AWR-Bulletin 4/95, Wien 1995, S. 209-213

[105] Koch, Gustav, "Die vorübergehende Aufnahme von Flüchtlingen unter menschenrechtlichen Gesichtspunkten", AWR-Bulletin, Nr.1-2/1997, Wien 1997, S. 57-61, hier: S. 57.

[106] Koch, Gustav, "Die vorübergehende Aufnahme...", Wien, 1997, S. 57/58.

wäre[107], erscheint eine Diskussion darüber, ob und in welcher Form Bürgerkriegsflüchtlingen nicht pauschal ein Flüchtlingsstatus eingeräumt werden sollte, durchaus legitim und sinnvoll.[108]
Die entscheidende Frage bleibt in diesem Fall, ob es gelingt, die elementaren flüchtlingsvölkerrechtlichen Standards, wie sie in zahlreichen Publikationen des UNHCR und verschiedenster Menschenrechtsorganisationen immer wieder dargelegt und gefordert werden[109], bei der Schaffung dieses besonderen Flüchtlingsstatus zu berücksichtigen und zu erhalten und somit nicht der weiteren Demontage und Einschränkung schon bestehender Schutzsysteme den Weg zu bereiten.

I.3.4. Der Friedensvertrag von Dayton - Probleme der Umsetzung

Die Menschenrechte sind ein zentrales Anliegen des am 22.11.1995 beschlossenen Friedensabkommens von Dayton.[110] Dies wird auch dadurch deutlich, daß der Begriff in dem gesamten Dokument nicht weniger als 70 Mal genannt wird. Unter den 13 ausdrücklich erwähnten Menschenrechten, die ohne jede Diskriminierung zu gewähren sind, befindet sich auch das Recht auf Freizügigkeit. Der Anspruch der Flüchtlinge auf Rückkehr wird in Annex 7, Art. I, Ziffer 1 des Daytoner Abkommens fixiert. Dort heißt es: "All refugees and displaced persons have the right freely to return to their homes of origin."[111]
Eine Form der Umsetzung dieses Rechts findet sich auch in der bosnischen Rechtsordnung: "The Federation Constitution no longer contains a general right of settlement but does provide explicitly for the right of refu-

[107] Zur nach den Maßstäben der GFK gebotenen asylrechtlichen Behandlung von Bürgerkriegsflüchtlingen vgl. auch UNHCR, Stellungnahme an Rechtsanwalt H. Heinhold vom 10.8.1992 abgedruckt in ZDWF (Hrsg.), § 51 Abs. 1 AuslG und der Verfolgungsbegriff der Genfer Flüchtlingskonvention, ZDWF-Schriftenreihe 51, Bonn 1992, S. 55 ff.

[108] Die Vorteile eines pauschalen Schutzes für Kriegs- und Bürgerkriegsflüchtlinge betreffend vgl. Bierwirth, Christoph, "Kriegs- und Bürgerkriegsflüchtlinge im Flüchlingsvölkerrecht", Idstein 1993, S. 55.

[109] Pax Christi (Hrsg.), "Kriegsflüchtlinge", Politische Vierteljahresschrift, Probleme des Friedens, 1/1993, Idstein 1993, S. 108/109.

[110] General Framework Agreement for Peace in Bosnia and Herzegovina, in: International Peacekeeping, 2/1995, S. 140 ff. Neben Bosnien-Herzegowina, Kroatien und der Bundesrepublik Jugoslawien unterschrieben auch Frankreich, Deutschland, Rußland, Großbritannien, die USA und die EU als Zeugen diesen Vertrag.

[111] Hierbei handelt es sich um ein völkerrechtlich garantiertes "Recht auf Rückkehr". Dies ist sehr deutlich von dem in Deutschland überstrapazierten Terminus von der "Pflicht zur Rückkehr" zu trennen; vgl. hierzu Kap. II dieser Untersuchung.

gees and displaced persons to return to their homes of origin, and contains the usual provisions concerning property"[112]. Diese Festlegung entspricht der Verpflichtung aus Annex 7, Art. II des Dayton-Vertrages, wonach in Bosnien-Herzegowina Bedingungen zu schaffen sind, die die Rückkehr der Flüchtlinge gestatten.[113] Obschon es sich hierbei um eine scheinbar selbstverständliche Prämisse eines humanitär fundierten Flüchtlingsrechtes handelt[114], sprechen die tägliche Praxis der Asylländer und die politische Lage in Bosnien eine andere Sprache. Doch gerade der faktische Zustand in Bosnien erfordert es, nachdrücklich auf der Rechtsposition des völkerrechtlichen Verbots der Vertreibung zu beharren, um von dieser sicheren Rechtsposition ausgehend die komplizierten Fragen nach der Umsetzung zu stellen. Der Tatsache, daß das Abkommen von Dayton das Rückkehrrecht der Flüchtlinge nicht nur akklamiert, sondern in Annex 7 Art. I. Abs. 5 des Vertrages auch operationalisiert[115], steht bisher bedauerlicherweise kein wirkliches Druckmittel zur Durchsetzung des Rückkehrrechts zur Seite. So ist es kaum verwunderlich, daß Amnesty International nach wie vor davon ausgeht, daß die Wahrscheinlichkeit, Opfer von Menschenrechtsverletzungen zu werden, für Rückkehrer - unabhängig ihrer Volkszugehörigkeit - wesentlich erhöht ist. Dies hängt nicht zuletzt damit zusammen, daß das Gesetz über verlassenen Wohnraum, wonach das Rückkehrrecht in die eigene Wohnung verwirkt ist, bisher noch immer nicht revidiert wurde. Eine Rückkehr von Nicht-Serben in das Gebiet der Republika Srpska ist nach Ansicht von Amnesty International derzeit gänzlich ausgeschlossen, da deren Situa-

---

[112] Szasz, P. C., "The protection of Human Rights trough the Dayton/Paris Peace Agreement on Bosnia, American Journal of International Law 90, 1996, S. 313.

[113] Heintze, Hans-Joachim, "Menschen- und flüchtlingsrechtliche Bestimmungen im Dayton-Abkommen und das Rückkehrrecht für Bürgerkriegsflüchtlinge", AWR-Bulletin, Nr. 1-2/1997, Wien 1997, S. 48.

[114] So ist im Päpstlichen Rat "Cor Unum" vom 2.10.1992 auf Seite 14 in knappen und eindeutigen Sätzen nachzulesen: "Nein zur gewaltsamen Rückführung - Eine überaus genaue und gewissenhafte Beachtung des Prinzips der Freiwilligkeit der Rückkehr ist eine nicht verhandelbare Grundvoraussetzung für jede Verfahrensweise den Flüchtlingen gegenüber. Niemand darf in ein Land zurückgeschickt werden, wo er oder sie diskriminiernde Handlungen oder ernste, lebensbedrohende Situationen zu befürchten hat. In den Fällen, in denen die zuständigen Behörden eines Landes beschließen, Asylbewerber nicht anzuerkennen, weil sie keine echten Flüchtlinge seien, sind sie moralisch verpflichtet, sicherzustellen, daß den Betroffenen eine sichere und freie Existenz anderswo garantiert wird.", Sekretariat der Deutschen Bischofskonferenz (Hrsg.), "Flüchtlinge - eine Herausforderung zur Solidarität", Päpstlicher Rat "Cor Unum", Rom/Bonn 1992.

[115] Mappes-Niediek, Norbert, "Rückkehrrecht, Rückkehrpflicht ?", Blätter für deutsche und internationale Politik, Band 41/11, 1996, S. 1230.

tion dort durch gewaltsame Übergriffe sowohl seitens der Mehrheitsbevölkerung, als auch der staatlichen Behörden gekennzeichnet ist.[116]
Auf die fundamentalen Rechte, die in dieser Auseinandersetzung um das Rückkehrrecht tangiert werden, wies der amerikanische Menschenrechtsexperte Alfred De Zayas unlängst hin: "So bringt die Verweigerung des Rechts, in der eigenen Heimat leben zu dürfen, notwendigerweise die Verletzung von Rechten wie des Selbstbestimmungsrechts mit sich, das viele als ius cogens betrachten. Ohne das Recht auf die Heimat könnten Menschen vertrieben werden, wodurch ihnen nicht nur die Selbstbestimmung, sondern auch die Ausübung der meisten bürgerlichen, politischen, wirtschaftlichen, sozialen und kulturellen Rechte vorenthalten würde".[117]
In Anbetracht der entmutigenden Hinweise, was die wirksame Umsetzung der im Dayton-Vertrag verankerten Rechte der Flüchtlinge auf Rückkehr in ihre Wohngemeinden anbelangt, fordert De Zayas als eine Möglichkeit, um Vertreibungen und Massenausweisungen zukünftig zu verhindern, eine neues Protokoll zum Internationalen Pakt über bürgerliche und politische Rechte.[118]
Eine sich daraus ergebende Konsequenz ist es, daß mit viel größerem Nachdruck auf den Zusammenhang zwischen dem Konzept des Flüchtlingsschutzes und der Idee der Menschenrechte hingewiesen werden muß und es deshalb auf allen Ebenen der Politik zu einer konsequenteren Abstimmung aller Aktivitäten unter Berücksichtigung dieses Zusammenhanges kommen sollte.

Unter völkerrechtlichen Gesichtspunkten betrachtet, ist der Vertrag von Dayton ein ungewöhnliches Konstrukt[119], da er die völkerrechtliche Legitimationskraft der Vereinten Nationen mit dem praktischen Einsatz regionaler Organisationen wie NATO, OSZE und EU verbindet und den Staat Bosnien-Herzegowina für eine gewisse Zeit unter die Kuratel der internationalen Staatengemeinschaft stellt.[120] Der Umstand, daß es durch die Beauftragten der internationalen Gemeinschaft nicht nur zu einer Über-

---

[116] Amnesty International (Sektion BRD), "asyl-info" 12/97, S. 19.

[117] De Zayas, Alfred, "Das Recht auf die Heimat, ethnische Säuberungen und das Internationale Kriegsverbrechertribunal für das ehemalige Jugoslawien", Archiv des Völkerrechts, Band 35/1, Tübingen, 1997, S. 29/30.

[118] De Zayas, Alfred, "Das Recht auf die Heimat....", S. 72.

[119] Vgl. Resolution Nr. 1031 des UN-Sicherheitsrates: "(...) the unique, extraordinary and complex character of the present situation in Bosnia and Herzegovina, requiring an exceptional response", in: International Peacekeeping 2 (1995), S. 167.

[120] Dörr, Oliver, "Die Vereinbarungen von Dayton/Ohio", AVR, Band 35/Heft 2, Juni 1997, S. 179.

wachung der neugeschaffenen Verfassungsstrukturen Bosnien-Herzegowinas kommt, sondern auch zu einem Mitregieren führt[121], mag als weiteres Argument für eine besondere Verantwortung der Staaten der Kontaktgruppe gelten. Diese Staaten, zu denen auch die Bundesrepublik Deutschland gehört, gaben durch die Bezeugung des Daytoner Vertragsabschlusses die Garantie für die politische Umsetzung der Vertragsinhalte.

Zweifelsohne diente es der Stärkung des Völkerrechts und wäre es seiner Glaubwürdigkeit förderlich, wenn es zu einer kompletten Umsetzung des Daytoner Abkommens käme[122], von der Bedeutung für die im konkreten Fall betroffenen bosnischen Bürgerkriegsflüchtlinge ganz zu schweigen. Die Tatsache, daß aber genau dies derzeit immer unwahrscheinlicher erscheint[123], lenkt nicht zuletzt die Aufmerksamkeit auch auf das Problem eines unzureichenden europäischen oder globalen Flüchtlingsregimes und auf die Schwierigkeiten bei der Auslegung der GFK[124].

---

[121] Vgl. Schneider, H., „Friede für Bosnien-Herzegowina? Das Vertragswerk von Dayton als Herausforderung für Europa", in: Integration, 8/1996, S. 1.

[122] Vgl. hierzu: Wolf, Klaus Dieter,(Hrsg.), "Internationale Verrechtlichung", Jahresschrift für Rechtspolitologie, Pfaffenweiler, 1993.

[123] Die Politik der Bundesregierung betreffend, welche ebenfalls teilweise dazu beiträgt, die komplette Umsetzung des Dayton-Vertrages zu verhindern und die Frage der völkerrechtlichen Bindung der BRD an dieses Vertragswerk thematisierend siehe Kap II. 3. dieser Arbeit.

[124] Ungeachtet der Tatsache, daß sich die Vertragsparteien des Genfer Abkommen über die Rechtstellung der Flüchtlinge von 1951 in Art. 38 de jure verpflichtet haben, jeden Streitfall über die "Auslegung oder Anwendung" dieses Abkommens, der auf andere Weise nicht beigelegt werden kann, auf Antrag der an dem Streitfall beteiligten Parteien dem internationalen Gerichtshof IGH in Den Haag vorzulegen, besteht de facto Unklarheit bezüglich der kompeteten Auslegung der GFK.

II. KAPITEL

RECHTLICHE UND INSTITUTIONELLE GRUNDLAGEN DER NATIONALEN FLÜCHTLINGSPOLITIK

Die bundesdeutsche Politik bezüglich der Bürgerkriegsflüchtlinge aus dem Gebiet der vormaligen Bundesrepublik Jugoslawien ist unter anderem dadurch gekennzeichnet, daß zwar alle drei Ebenen staatlichen Handelns - Bund, Länder und Kommunen - mit der Bewältigung der Aufgabe betraut sind, die Kompetenz und die Zuständigkeit für den Vollzug der rechtlichen Bestimmungen im wesentlichen aber bei den Ländern liegen, d.h. deren Behörden die Gesetze vollziehen. Die Ständige Konferenz der Innenminister und -senatoren der Länder (IMK) sorgt für einen Abgleich zwischen den Ländern um einen einheitlichen Vollzug zu gewährleisten. Obschon das Ausländergesetz ein Bundesgesetz ist und dadurch auf die Zuständigkeit des Bundesministers des Innern verweist, und obwohl die am 26.4.1990 erfolgte Neuregelung des Ausländerrechts den Ländern insgesamt weniger Gestaltungsspielraum beläßt[125], so haben doch die Verwaltungsvorschriften große Bedeutung zum einen für die Konkretisierung unbestimmter Gesetzesbegriffe und zum andern für die Ausfüllung der Ermessensermächtigungen. In solchen Fällen gilt: da keine bundeseinheitlichen Verwaltungsvorschriften ergangen sind, haben die Länder den Vollzug des Gesetzes durch eigene Verwaltungsvorschriften zu bestimmen.[126] Dies geschieht regelmäßig und in enger Abstimmung mit dem Bundesinnenminister bei den Treffen der IMK.

Generell ist zum Ausländerrecht, das den Rahmen für die Fragen nach Rechtsschutz und Rechtsstellung der bosnischen Bürgerkriegsflüchtlinge abgibt, zu sagen, daß die Umsetzung aller ausländerrechtlichen Bestimmungen den völkerrechtlichen Konventionen und internationalen Menschenrechtsverträgen entsprechen sollten und diese auch bei der Ermessensausübung zu berücksichtigen sind. Die Tatsache, daß die ausländerrechtliche Praxis nur wenig Bereitschaft zeigt, dem Völkerrecht zu folgen, steht in Widerspruch zur Berufung auf internationale Menschenrechtsverträge bei zahlreichen anderen Anlässen.[127]

---

[125] Vgl. Rittstieg, Helmut, "Einführung", in: Deutsches Ausländerrecht, München, 1996, S. XI.

[126] Vgl. Rittstieg, Helmut, "Einführung", in: Deutsches Ausländerrecht, München, 1996, S. XI.

[127] Rittstieg nennt als Beispiel die nachträgliche Beurteilung staatlichen Handelns der DDR; a.a.O., S. X.

II.1. Die rechtlichen Normen der bundesdeutschen Flüchtlingspolitik[128]

Wichtig und notwendig erscheint es zunächst, eine klare Abgrenzung zwischen verschiedenen Gruppierungen wie Asylbewerbern, Migrationswilligen und anderen speziellen Flüchtlingskategorien vorzunehmen, um Mißverständnissen innerhalb der weiteren Diskussion vorzubeugen. Von vorneherein bedeutungslos für die Belange dieser Untersuchung sind die Fragestellungen und Probleme, die sich ausschließlich im Zusammenhang mit Asylbewerbern gemäß Art.16a GG oder der Integration von Aus- und Übersiedlern ergeben ebenso wie die Herausforderungen im Zusammenhang mit der Einbürgerung langjähriger ausländischer Arbeitskräfte und den damit verbundenen ausländerrechtlichen und integrationspolitischen Fragen.
Die nachfolgende Darstellung der unterschiedlichen Flüchtlingskategorien geschieht anhand der Einteilung in de-facto-Flüchtlinge, Bürgerkriegsflüchtlinge und Kontingentflüchtlinge.

Mit der Anzahl von ca. 650 000[129] stellen die de-facto-Flüchtlinge innerhalb dieser Kategorisierung die größte Flüchtlingsgruppe dar. Diese Menschen haben in der BRD entweder keinen Asylantrag gestellt oder ihr Asylantrag ist abgelehnt worden. Ihre Abschiebung wurde daraufhin vorübergehend ausgesetzt, weil im Herkunftsland eine erhebliche konkrete Gefahr für Leib, Leben oder Freiheit besteht oder weil dringende humanitäre bzw. persönliche Gründe ihre vorübergehende weitere Anwesenheit im Bundesgebiet erforderlich machen.[130]
Dagegen stellen die Kontingentflüchtlinge mit ca. 67 200[131] Personen nur eine kleine Gruppe dar. Diesen von der BRD im Rahmen humanitärer

[128] Es sei darauf hingewiesen, daß sich die Diskussion und Analyse von länderspezifischen Normen, Durchführungsbestimmungen und Anweisungen im Rahmen dieser Arbeit ausschließlich auf den Freistaat Bayern bezieht.

[129] Zugleich ca. 36,7 % aller Flüchtlinge innerhalb der BRD, Bericht der Beauftragten der Bundesregierung für die Belange der Ausländer in der Bundesrepublik Deutschland (fürderhin: Bericht der Ausländerbeauftragten), Bonn Dezember 1995, S. 17.

[130] Vgl. Bericht der Ausländerbeauftragten, Bonn Dezember 1995, S. 106.

[131] Zugleich ca. 3,8 % aller in der BRD sich aufhaltenden Flüchtlinge, vgl. Bericht der Ausländerbeauftragten vom Dezember 1995, S. 17. Das Bundesministerium des Innern hingegen spricht von 103. 000 Kontingentflüchtlingen, wobei hier zu den 42. 000 überwiegend aus Vietnam stammenden Personen noch 61. 000 jüdische Emigranten aus der ehemaligen Sowjetunion hinzukommen, auf die dieses Gesetz analog angewandt wird; vgl. "Aufzeichnungen zur Ausländerpolitik und zum Ausländerrecht in der Bundesrepublik Deutschland", Bundesministerium des Innern (Hrsg.), Bonn August 1997, S. 100 und 104.

Hilfsaktionen aufgenommenen Flüchtlingen wird ein dauerhaftes Bleiberecht gewährt, ohne daß sie sich zuvor einem Anerkennungsverfahren unterziehen mußten. Irrtümlicherweise wird bisweilen davon ausgegangen, daß sich auch einige Zehntausend vor dem Krieg in Ex-Jugoslawien geflohene Menschen auf der Grundlage dieses Status hier in der BRD aufhielten. Bedauerlicherweise führte die Rede von einer "Aufnahme bestimmter bosnischer Bürgerkriegsflüchtlinge im Rahmen eines Kontingentes"[132] zu diesem Mißverständnis, wobei hier Kontingent im Sinne einer quantitativen Bezeichnung zu verstehen war und eben nicht als Hinweis auf einen Aufenthaltsstatus gemäß dem "Gesetz über Maßnahmen für im Rahmen humanitärer Hilfsaktionen aufgenommene Flüchtlinge" (HumAG).[133]

Die drittgrößte Gruppe der sich in der BRD aufhaltenden Flüchtlinge sind mit ca. 335 000 Personen[134] die Bürgerkriegsflüchtlinge aus Bosnien-Herzegowina, die zum einen auf der Grundlage einer Verpflichtungserklärung nach § 84 AuslG in die BRD einreisten oder im Rahmen einer gemeinsamen Aufnahmeaktion von Bund und Ländern auf der Grundlage des § 32 AuslG in Deutschland aufgenommen wurden. Zudem sind in der genannten Zahl auch die aufgrund der Anordnung nach § 54 AuslG geduldeten Flüchtlinge enthalten[135].

Nicht enthalten sind in dieser Auflistung jene Flüchtlinge aus Bosnien-Herzegowina, die einen Asylantrag stellten und sich daher im Asylverfahren nach Art. 16a GG befinden.[136]

Im folgenden Abschnitt werden nun die wichtigsten Rechtsquellen im Bereich des Flüchtlingsrechts, die dieser Differenzierung von Flüchtlingsgruppen zugrunde liegen skizziert.

---

[132] Als Beleg für die vielfache und irreführende Verwendung des Begriffes "Kontingent" oder "Sonderkontingent" im Zusammenhang mit Bürgerkriegsflüchtlingen aus dem ehemaligen Jugoslawien seien nur einige als Beispiel angeführt: ZDWF, UNHCR, AWO u.v.m. (Hrsg.), "Leitfaden für Flüchtlinge aus Bosnien-Herzegowina", 4. Auflage, Oktober 1997, S. 26.

[133] Siehe folgenden Abschnitt zu den gesetzlichen Grundlagen.

[134] Die Zahlen der verschiedenen Quellen variieren und geben zwischen 320 000 und 350 000 Bürgerkriegsflüchtlingen als Höchststand im Jahr 1996 an. Seit spätestens Frühjahr 1997 sind diese Zahlen, bedingt durch die Heimkehr zahlreicher Flüchtlinge, rückläufig.

[135] Auf die hier erwähnten Paragraphen des Ausländergesetzes und die damit zusammenhängenden aufenthaltsrechtlichen Fragen wird in den kommenden Abschnitten detailliert eingegangen.

[136] Dies waren im Zeitraum 1993 - 1996 durchschnittlich 20 - 25 000 Anträge pro Jahr. Vgl. Bundesministerium des Innern (Hrsg.), "Aufzeichnungen zur Ausländerpolitik und zum Ausländerrecht in der BRD", Bonn 1997, S. 104 und Bericht der Ausländerbeauftragten vom Dezember 1995, S. 120.

II.1.1. Das Ausländergesetz (AuslG)[137]

Das Ausländerrecht der BRD regelt den grundlegenden rechtlichen Status aller Nichtdeutschen in der Bundesrepublik, wohingegen das Ausländergesetz uneingeschränkt nur auf Nicht-EU-Bürger Anwendung findet. Das AuslG, welches insbesondere Bestimmungen über Einreise und Aufenthalt von Ausländern in der BRD enthält, begreift sich traditionell als Sicherheitsrecht[138] und betrachtet konsequenterweise den einzelnen Ausländer als potentielles Sicherheitsrisiko.[139]
Das AuslG vom 9.7.90 ist das allgemeine Gesetz, das prinzipiell dann Anwendung findet, wenn nicht speziellere Bestimmungen den Sachverhalt näher regeln, wie z.B. das Asylverfahrensgesetz[140]; hinzu kommen Verordnungen, welche das AuslG ergänzen.[141] Unterhalb dieser Verordnungen existieren teils formelle ministerielle Anweisungen, teils offiziöse Anordnungen und jede Menge von innerdienstlichen Vorgaben, die, oftmals der Öffentlichkeit vorenthalten, die eigentliche Praxis im Bereich des Ausländerrechts bestimmen.[142]

---

[137] BGBl. I S. 1354 abgedruckt in: "Deutsches Ausländerrecht", Beck-Texte im dtv, München 1996, S. 1 ff.

[138] Heinhold äußert hierzu: "Noch vor wenigen Jahren waren die Ausländerbehörden vielfach in den Polizeipräsidien räumlich untergebracht - in unmittelbarer Nähe der Haftanstalten. Bis zum Inkrafttreten des Ausländergesetzes am 28.4.65 wurde das Rechtsverhältnis zwischen Deutschen und Ausländern durch das nationalsozialistische Gesetz über das "Ausländerpolizei und das Meldewesen sowie das Ausweiswesen" vom 11.5.37 und die "Ausländerpolizeiverordnung" vom 22.8.38 geregelt; vgl. Heinhold, Hubert und Pro Asyl (Hrsg.), Recht für Flüchtlinge: Ein Leitfaden durch das Asyl- und Ausländerrecht für die Praxis, Frankfurt/M. 1996, S. 89.

[139] Im Fall der vorliegenden Arbeit ist es von besonderem Interesse, wie sich die ausländer- und flüchtlingsrechtliche Situation in München darstellt. Der für Ausländer und Flüchtlinge zuständige Kreisverwaltungsreferent der Stadt München Hans Peter Uhl betonte immer wieder, daß das Ausländerrecht polizeiliche und sicherheitsbehördliche Aufgaben habe und der Gefahrenabwehr diene. Vgl. SZ am 13.12.1994.

[140] Abgedruckt in: "Deutsches Ausländerrecht", Beck-Texte im dtv, München 1996, S. 174 ff.

[141] Wichtige Verordnungen sind z.B. die "Verordnung zur Durchführung des Ausländergesetzes (DVAuslG)" oder die "Verordnung über Aufenthaltsgenehmigungen zur Ausübung einer unselbständigen Erwerbstätigkeit (AAV)".

[142] Vgl. Heinhold/Pro Asyl (Hrsg.), Recht für Flüchtlinge, Karlsruhe, 1996, S. 88. Diese Einschätzung durch Heinhold deckt sich mit den persönlichen Erfahrungen des Autors im Zusammenhang mit den Recherchen für diese Untersuchung und auch mit Stellungnahmen Betroffener bezüglich der Zusammenarbeit zwischen Behörden der Kommune München und des Freistaates Bayern. Trotz mehrfacher Versuche und Nachweises des wissenschaftlichen Interesses wurde dem Autor von

Im Zuge der Diskussion um eine Änderung des deutschen Asylrechts und wohl auch als Ausgleich für die erhebliche Einschränkung desselben wurde zwischen den Parteien von CDU/CSU, SPD und FDP vereinbart, einen speziellen Rechtsstatus für Bürgerkriegsflüchtlinge in das deutsche Ausländergesetz einzufügen. Diese Möglichkeit wurde mit Wirkung vom 1. Juli 1993 in Form des § 32a AuslG zwar in Kraft gesetzt, doch kam sie bis zum heutigen Zeitpunkt nicht zur Anwendung. Die Hintergründe und Auswirkung dieser unverständlichen Tatsache sollen u.a. Gegenstand der Diskussion bundesdeutscher und länderspezifischer Flüchtlingspolitik in Abschnitt II.3 sein.

II.1.2. Das Asylverfahrensgesetz (AsylVfG)

Das AsylVfG regelt die Rechtsstellung des Asylbewerbers während des Asylverfahrens und legt hierfür bestimmte Verfahrensgrundsätze fest.[143] Durch die seit Ende der 70er Jahre immer wieder vorgenommenen Änderungen des AsylVfG, welche allesamt das Ziel hatten, das Asylverfahren zu beschleunigen, wurde ein enges Netz von Ausschluß- und Ablehnungstatbeständen, Rechtsmittel- und Fristverkürzungen sowie weitreichenden Präklusionsvorschriften geschaffen.[144]

II.1.3. Das Asylbewerberleistungsgesetz (AsylbLG)

Das AsylbLG regelt die Anspruchsvoraussetzungen und den Umfang öffentlicher Leistungen für Asylbewerber, Ausländer mit Duldung und "vollziehbar zur Ausreise Verpflichteten"[145]. Durch das Gesetz zur Neure-

---

Seiten des bayerischen Innenministeriums der Einblick in die für Bayern erlassenen Durchführungsbestimmungen, insoweit sie die Rückführung der bosnischen Flüchtlinge betreffen, verweigert.

[143] Gemäß dem AsylVfG hat das Bundesamt für die Anerkennung ausländischer Flüchtlinge drei Entscheidungen zu treffen. Zum einen die Entscheidung darüber, ob der Betreffende als Asylberechtigter nach Art. 16a I GG anerkannt wird ("großes Asylrecht"). Zum zweiten entscheidet das Bundesamt darüber, ob die Voraussetzungen des § 51 I AuslG vorliegen (sogenanntes "kleines Asylrecht"). Wird beides verneint, hat das Bundesamt noch festzustellen, ob Abschiebeschutz nach § 53 AuslG zu gewähren ist, vgl. Heinhold, H./Pro Asyl (Hrsg.), "Recht für Flüchtlinge", Karlsruhe 1996, S. 20.

[144] Vgl. Krais, Jürgen/Tausch, Christian, "Asylrecht und Asylverfahren", München 1995, S. 204/205.

[145] Vgl. Deibel, Klaus, "Das neue Asylbewerberleistungsrecht", ZAR 1/1998, S. 28-38.

gelung der Leistungen an Asylbewerber vom 30. Juni 1993 ist für die Subsumierung unter das BSHG oder das AsylbLG nunmehr der Aufenthaltsstatus der Betroffenen ausschlaggebend. Die Leistungen wurden in der Form geregelt, daß eine komplette Trennung vom Bundessozialhilfegesetz (BSHG) erfolgte.[146] Mit dem neuen AsylbLG, das am 1.11.1993 in Kraft trat, wurden Asylbewerber und Flüchtlinge aus dem Netz der sozialen Fürsorge herausgenommen und ihr Leistungsanspruch wurde somit in einem Gesetz geregelt, das ausdrücklich kein Sozialgesetz ist[147], d.h. die Grundsätze des Sozialhilferechtes, wie etwa die Leistungsfestsetzung nach den Besonderheiten des Einzelfalles gelten stark eingeschränkt.
Nach einer zwischenzeitlichen Überarbeitung und anhaltenden Diskussionen zwischen Regierung und Opposition in Bundestag und Bundesrat trat nach neuerlicher Reform das aktuell geltende AsylbLG mit Wirkung vom 1. Juni 1997 in Kraft. Eine Konsequenz daraus war die grundsätzliche Gewährung von Sachleistungen und eine deutliche Leistungseinschränkung für einen Großteil der bis dahin begünstigten Personen; so wurden in der neuen Fassung des AsylbLG ausdrücklich auch die Bürgerkriegsflüchtlinge nach §§ 32, 32a AuslG miteinbezogen[148]. Dem AsylbLG wird von Experten verschiedenster Seite mangelnde Rechtsklarheit und Praktikabilität vorgeworfen[149].
Die neuerliche Diskussion um eine Reform des AsylbLG, die Anfang 1998 durch eine Bundesratsinitiative des Landes Berlin ausgelöst wurde, läßt wenig Hoffnung auf eine Ausbesserung dieser Schwächen aufkommen.[150]

---

[146] Für die jeweilige Leistungshöhe und -form sind nach dem AsylbLG auch die Aufenthaltsdauer sowie die Art der Unterbringung entscheidend. Die Praxis zeigt jedoch, daß selbst der gleiche Sachverhalt nicht zwangsläufig zu einer Gleichbehandlung innerhalb einzelner Bundesländer oder Regierungsbezirke führt. Oft divergiert die Leistungsgewährung sogar innerhalb von Landkreisen oder Städten. Siehe dazu Kap III; vgl. ZDWF/UNHCR (Hrsg.), "Kriegs- und Bürgerkriegsflüchtlinge in Deutschland", Bonn 1995, S. 49/50.

[147] Vgl. Bericht des Flüchtlingsamtes der Landeshauptstadt München, 1997, S. 24.

[148] Hohm, Karl-Heinz, "Novellierung des Asylbewerberleistungsgesetzes", in: NVwZ 1997, Heft 7, S. 659-663, hier: S. 659. An die 1. Lesung im Bundestag am 27.10. 1995 schloß sich am 20.11.1995 eine öffentliche Anhörung von Sachverständigen an, die zwar grundsätzlich die Fortentwicklung des AsylbLG begrüßten, die geplante Erweiterung des leistungsberechtigten Personenkreises aber einhellig ablehnten.

[149] Vgl. ZDWF/UNHCR (Hrsg.), "Kriegs- und Bürgerkriegsflüchtlinge in Deutschland - Situationsbericht am Beispiel der Flüchtlinge aus Bosnien-Herzegowina", Bonn 1995, S. 49 ff.

[150] Vgl. "Die Sozialverbände üben harte Kritik am geplanten neuen Asylbewerberleistungsgesetz", SZ, am 6.2.1998, S. 9.

II.1.4. Das Gesetz über Maßnahmen für die im Rahmen humanitärer Hilfsaktionen aufgenommenen Flüchtlinge (HumAG)

Die auch als "Kontingentflüchtlingsgesetz" bezeichnete Bestimmung ermöglicht die Übernahme vor allem von Flüchtlingsgruppen, für den Fall, daß bereits eine Erteilung der Aufenthaltserlaubnis oder eine Erklärung nach § 33 AuslG durch das Bundesministerium des Inneren vorliegt. Das Gesetz soll eine nicht nur vorübergehende Aufnahme einer durch bestimmte gemeinsame Merkmale, wie etwa ethnische Abstammung oder Religionszugehörigkeit, gekennzeichneten Gruppe in der BRD ermöglichen. Die Aufnahme erfolgt aus humanitären Gründen und verhilft den Begünstigten gemäß § 1 Abs. 3 HumAG zu einem Anspruch auf eine unbefristete Aufenthaltserlaubnis.

II.1.5. Die Beschlüsse der Ständigen Konferenz der Innenminister und -senatoren der Länder (IMK) und die daraus resultierenden länderspezifischen Erlasse

Vorweg sei zum Rechtscharakter der länderspezifischen Erlasse gesagt, daß es sich hierbei um verwaltungsinterne Schreiben z.B. in Form innenministerieller Schreiben handelt, welches keine Gesetze sind, jedoch die Verwaltung intern in ihrem Handeln binden. Somit stellen Verwaltungsvorschriften bzw. Erlasse eine gewisse Durchbrechung des Gewaltenteilungsgrundsatzes dar, der besondere Organe der Gesetzgebung von solchen vollziehender Gewalt unterscheidet.[151] In diesem Zusammenhang kann auch das Problem der fehlenden öffentlichen Kontrolle von Verwaltungshandeln gesehen werden.[152]
Die Fragen des Aufenthaltsrechts und des Aufenthaltsstatus hängen nicht unwesentlich von den sogenannten Ländererlassen der jeweiligen Bundesländer ab, die wiederum stark von den Beschlüssen der Ständigen Innenministerkonferenz (IMK) beeinflußt sind. Daher soll hier auf die bisherigen IMK-Beschlüsse eingegangen werden.
Der Beschluß der IMK vom 26.1.1996 sahen die Rückführung der Bürgerkriegsflüchtlinge in zwei Phasen vor, von denen die erste Phase ab 1.7.1996 beginnen sollte und die zweite Phase bis September 1997 beendet werden sollte. Für die Rückführungen der ersten Phase waren alleinstehende Erwachsene, Ehepaare ohne Kinder und Erwachsene, de-

---

[151] Vgl. Art. 20 II 2 GG; vgl. auch Huber, Peter-Michael, "Allgemeines Verwaltungsrecht", Heidelberg, 1992, S. 31.

[152] Schäfer, Ingeborg, E., "Demokratische Kontrolle der öffentlichen Verwaltung als Strategie", in: Die Verwaltung, 26. Band, Berlin 1993, S. 39-55.

ren Ehegatte und/oder minderjährige Kinder in Bosnien-Herzegowina leben, vorgesehen. Alle anderen Personen sollten grundsätzlich unter die zweite Phase der Rückführung fallen. Zusätzlich wurden einige Personengruppen von der Rückführung in Phase 1 ausgenommen. Dies sind:

- traumatisierte Personen, die seit dem 26.1.1996 in ärztlicher Behandlung sind,
- Personen, die als Zeugen vor den Internationalen Gerichtshof in Den Haag geladen sind und
- Personen, die am 15.12.95 mindestens 65 Jahre alt waren und in Bosnien-Herzegowina über keine Familie mehr verfügen, aber in Deutschland Angehörige mit dauerhaftem Aufenthaltsrecht haben und zugleich sichergestellt ist, daß sie keine Sozialhilfe in Anspruch nehmen.

Der IMK-Beschluß vom 6.6.1997 kommt zu dem Schluß, "daß die Rückführung aus der Republika Srpska stammenden Flüchtlinge bosniakischer oder kroatischer Volkszugehörigkeit besondere Sensibilität erfordert. Sie stimmt deshalb darin überein, daß derzeit Abschiebungen dieser Personen im Grundsatz als nachrangig anzusehen sind. Dies ermöglichen schon die bisherigen Beschlüsse der Innenministerkonferenz. Ein differenziertes Vorgehen ist danach ausdrücklich möglich und wird auch von den zuständigen Ausländerbehörden praktiziert".[153] Inwieweit diese Feststellungen die Situation in Bayern und speziell München zutreffend charakterisieren muß unter Punkt Kap. II.3. und im Kap. III geklärt werden.
Klar festgehalten werden kann schon an diesem Punkt, daß dieser IMK-Beschluß in einer Weise formuliert wurde[154], die eine erfolgreiche juristische Berufung auf diese Beschlüsse durch bosnische oder kroatische Flüchtlinge aus dem Gebiet der "Republika Srpska" unmöglich machen. Hingegen ist eine Berufung auf einen Ländererlaß, welcher in Übereinstimmung mit dem IMK-Beschluß dieser Differenzierung Rechnung trägt, möglich.
Generell kommt den Ländern bei der Ausgestaltung der Erlasse ein erheblicher Spielraum zu, der in vielen Fällen auch als Folge der politischen Interessenlage der jeweiligen Landesregierung zu bemerkenswerten Unterschieden führt.

[153] ZDWF et al (Hrsg.), "Leitfaden für Flüchtlinge aus Bosnien-Herzegowina", Siegburg, Oktober 1997, S. 28.

[154] Verschiedentlich wird hier von einer "weichen" Formulierung gesprochen, vgl. ZDWF et al (Hrsg.), "Leitfaden für Flüchtlinge aus Bosnien-Herzegowina", Oktober 1997, S. 28.

II.1.6. Aufenthaltsrechtliche Bestimmungen

Die in Deutschland um Schutz nachsuchenden Flüchtlinge kommen im günstigsten Fall in den Genuß einer Aufenthaltsbefugnis, als einer der verschiedenen vorgesehenen Formen der Aufenthaltsgenehmigung.[155] Sie wird gemäß § 5 i.V.m. § 30 Abs.1 AuslG erteilt, "wenn einem Ausländer aus völkerrechtlichen oder dringenden humanitären Gründen oder zur Wahrung politischer Interessen der Bundesrepublik Deutschland die Einreise und der Aufenthalt im Bundesgebiet erlaubt werden soll". Heinhold vertritt die Ansicht, daß es die weite Bestimmung des gesetzlichen Wortlautes an sich zulassen würde, über § 30 AuslG so manche Härte des deutschen Asylrecht zu lindern und eine menschliche Einzelfallösung zu ermöglichen, merkt jedoch an, daß in der Praxis davon kein Gebrauch gemacht werde.[156] Obwohl die Aufenthaltsbefugnis vom Gesetzgeber ausdrücklich dafür vorgesehen war, den Aufenthalt bestimmter Personengruppen, die nicht nur kurzzeitig im Bundesgebiet bleiben, nicht mehr mit einer Duldung, sondern mit dem einen rechtmäßigen Aufenthalt vermittelnden Titel einer Aufenthaltsbefugnis zu regeln, erhalten selbst die Bürgerkriegsflüchtlinge aus Bosnien in der überwiegenden Mehrzahl der Fälle nur Duldungen.[157]
Eine Duldung nach § 55 AuslG begründet einen nicht-ordnungsgemäßen Aufenthalt und es wird dadurch der Aufenthalt der jeweiligen Person lediglich hingenommen. Die "geduldete Person" ist vollziehbar ausreisepflichtig und von ihrer Abschiebung wird nur solange abgesehen, wie sie aus rechtlichen oder tatsächlichen Gründen unmöglich ist. Somit besteht zwischen der Aufenthaltsbefugnis und der Duldung ein eindeutiger Qualitätsunterschied, der nicht zuletzt daran erkennbar wird, daß auch eine über viele Jahre hinweg erteilte Duldung keine Verfestigung des Aufenthaltes begründen kann.
Die über Jahre geführte Diskussion um die Schaffung eines speziellen Status für Bürgerkriegsflüchtlinge entsprang u.a. dem Interesse, diese Menschen aus dem für sie - nach derzeitiger Rechtsprechung - oft aussichtslosen Asylverfahren herauszuhalten. Aussichtlos gestaltet sich der Versuch für sie, im Asylverfahren nach Art. 16a GG vorübergehenden Schutz in der BRD zu finden aufgrund des speziellen Verständnisses von "politischer Verfolgung" innerhalb der deutschen Rechtsprechung.[158]

[155] Es sind dies gemäß § 5 AuslG: Aufenthaltserlaubnis, Aufenthaltsberechtigung, Aufenthaltsbewilligung und Aufenthaltsbefugnis.

[156] Heinhold, Hubert, "Recht für Flüchtlinge", S. 94.

[157] Heinhold, Hubert, "Recht für Flüchtlinge", S. 94.

[158] Eine "politische Verfolgung" i. S. d. GG ist eine zielgerichtete staatliche Verfolgung. Eine politische Verfolgung liegt nach der deutschen Rechtsprechung nicht

Da die bosnischen Flüchtlinge nicht von einer klar zurechenbaren staatlichen Macht, sondern von ethnischen Gruppierungen innerhalb einer innerstaatlichen Auseinandersetzung verfolgt werden, erhalten sie in der Bundesrepublik Deutschland derzeit in der überwältigenden Mehrzahl der Fälle kein politisches Asyl.[159]
Auch an diesem Beispiel wird die Unzulänglichkeit der bisherigen Gesetzgebung und Rechtsprechung erkennbar, dieser Art von "nichtinternationalen bewaffneten Konflikten" gerecht zu werden und den von derartigen Menschenrechtsverletzungen betroffenen Personen ausreichenden Schutz zukommen zu lassen.[160]
Als ein Versuch, auf dem Gebiet der Gesetzgebung daran etwas zu ändern und um die Bürgerkriegsflüchtlinge nicht in das für sie wenig chancenreiche nationale Asylverfahren zu drängen, wurde das materielle bundesdeutsche Flüchtlingsrecht erweitert und sieht mit dem § 32a AuslG seit dem 6.12.1992 eine spezielle Anspruchsgrundlage für Bürgerkriegsflüchtlinge vor. Diese Regelung sollte in einem zügigen Verfahren ein Aufenthaltsrecht und eine besondere Arbeitserlaubnis erwirken und so den vorübergehenden Schutz dieser Personengruppe ermöglichen. Zugleich sollte diese Bestimmung - da ein Asylverfahren nicht eingeleitet werden darf bzw. zurückgenommen werden muß - zu einer Entlastung der Asylverfahren führen. Daß dieser Paragraph trotz seiner potentiell hilfreichen Wirkung bis zum heutigen Tag nie zur Anwendung kam, ist bedauerlich und läßt es geboten erscheinen, der Frage nach

---

vor, wenn die staatliche Strukturen soweit zerbrochen sind, daß eine effektive Staatsgewalt nicht mehr vorliegt, sondern anarchische oder Bürgerkriegszustände herrschen. In diesen Fällen wird das Vorliegen einer "politischen Verfolgung" sowohl nach Art. 16a GG als auch hinsichtlich des Abschiebungshindernisses nach § 51 Abs. 1 AuslG verneint.

[159] Nach § 30 Absatz 2 AsylVfG ist ein Asylantrag dann, wenn sich die Asylsuchenden auf eine allgemeine Notsituation oder eine kriegerische Auseinandersetzung als Gründe für ihre Flucht berufen, offensichtlich unbegründet! Die Überprüfung anderer asylrelevanter Verfolgungsmaßnahmen durch das Bundesamt unterbleibt leider daher oft in den Fällen, in welchen Flüchtlinge aus Ländern kommen, in denen kriegerische Auseinandersetzungen stattfinden; vgl. Entscheidung des Bundesamtes vom 30.6.1994 mit dem Geschäftszeichen 1871154-265 oder Amnesty International (Sektion der BRD), Zwei Jahre neues Asylrecht: Auswirkungen des geänderten Asylrechts auf den Rechtsschutz von Flüchtlingen, Bonn 1996, S. 41ff.

[160] Zwar kann es auch nach Auffassung des Bundesverfassungsgerichtes im Verlauf eines Bürgerkriegs zu politischer Verfolgung kommen, doch ändert dies nichts an der oben dargestellten notwendigen Voraussetzung der vorhandenen staatlich zurechenbaren Gewaltausübung, um sich nach deutscher Rechtsprechung asylrechtsbegründend auszuwirken. Vgl. Kanein/Renner, „Ausländerrecht", Kommentar von Günter Renner, München 1993, S. 337.

den Gründen für diese unverständliche Tatsache im weiteren Verlauf der Arbeit nachzugehen.

Grundsätzlich kann festgestellt werden, daß sich die auf dem Gebiet des nationalen Flüchtlingrechts anzuwendenden Rechtsnormen, insbesondere das Asylverfahrensgesetz, das Ausländergesetz, das Asylbewerberleistungsgesetz und die Sozialhilfevorschriften als derart hochkompliziert und gleichwohl unklar gestalten[161], daß sich die Behördenpraxis zum Teil von Ausländerbehörde zu Ausländerbehörde und Sozialbehörde zu Sozialbehörde unterscheidet.[162] In Verbindung mit dem Umstand, daß sich diese Entwicklung größtenteils unter Ausschluß der Öffentlichkeit abspielt, gibt diese Tatsache Anlaß zur Vermutung, daß sich hier nicht unbedeutende behördliche Ermessens- und Ausgestaltungsspielräume auftun, von denen fraglich ist, ob sie bisher mehrheitlich zum Vorteil der Flüchtlinge genützt worden sind.

II.2. Institutionen der nationalen Flüchtlingspolitik

Die rechtliche Kompetenz für das Gebiet der Flüchtlings- und Asylpolitik liegt auf nationaler Ebene im wesentlichen beim Bundesministerium des Inneren. Daneben kommt den Innenministern der Bundesländer und der Ständigen Konferenz der Innenminister (IMK), die den Rahmen für eine Zusammenarbeit zwischen den Länderinnenministern und dem Bundesinnenminister abgibt, eine tragende Rolle zu.
Eine nicht zu unterschätzende Bedeutung hat in zunehmendem Maß auch der in ungefähr zweijährigem Abstand veröffentlichte Bericht der Beauftragten der Bundesregierung für die Belange der Ausländer über die Lage der Ausländer in der Bundesrepubik Deutschland, der in einem offenen und kritischen Ton über Erfolge, Probleme, Defizite und zukünftige Ziele in sozialer, politischer wie rechtlicher Hinsicht referiert.[163]
Eine wichtige, wenn auch in den vergangenen Jahren bisweilen unglückliche Position nimmt der UNHCR in der Bundesrepublik Deutschland ein, da gerade in Deutschland, einem Land, dessen Politiker nicht müde

---

[161] Diese schwierige Ausgangslage wird, wie oben dargestellt, durch die zahlreichen länderspezifischen Weisungen zusätzlich verkompliziert.

[162] Rittstieg, Helmut, "Die Gesetzgebung läuft dem Recht davon: Die Rechtslage der Flüchtlinge aus dem ehemaligen Jugoslawien", Informationsbrief Ausländerrecht 7-8/94, S. 279.

[163] Zuletzt im Vorabexemplar des "Berichtes der Beauftragten der Bundesregierung für Ausländerfragen über die Lage der Ausländer in der Bundesrepublik Deutschland", Bonn, Dezember 1997.

werden, die Übereinstimmung ihrer Politik mit den Zielen des UNHCR zu betonen und immer wieder auf die Wichtigkeit der Abstimmung der nationalen Vorgehensweise mit den Repräsentanten des Hohen Flüchtlingskommissars hinweisen, die tatsächlichen Vorschläge und Richtlinien des UNHCR selten Gehör und Berücksichtigung finden.[164] Speziell zur Frage der Rückführung der bosnischen Bürgerkriegsflüchtlinge sah sich der UNHCR mehrmals durch deutsche Politiker unvollständig und dadurch sinnverfälschend zitiert.[165] Ob sich diese Verhaltensweisen einzig durch den nicht unerheblichen Anteil, den die BRD zur Finanzierung des UNHCR beiträgt, begründen lassen oder inwieweit auch die grundsätzliche Verpflichtung zur "unpolitischen Handlungsweise" durch sein Statut den UNHCR zu diesem konfliktvermeidenden Verhalten veranlaßt, muß

---

[164] So findet nach Auskunft des UNHCR-Bonn das in der Übereinkunft zwischen UNHCR und der Internationalen Organisation für Migration (IOM) vorgesehene Verfahren zur organisierten Rückkehr bosnischer Flüchtlinge in Deutschland keine Anwendung. Vgl. UNHCR, Bosnia and Herzegovina Repatriation and Return Operation 1997, Humanitarian Issues Working Group (HIWG). Inoffizielle deutsche Übersetzung unter dem Titel „Bosnien und Herzegowina Repatriierungs- und Rückkehroperation 1997", Bonn 1997, S. 10. Desweiteren finden sich im aktuellen UNHCR-Report 1997/1998 zahlreiche Beispiele, die einer inhaltlichen, theoretischen und konzeptionellen Übereinstimmung zwischen bundesdeutscher (inkl. der Länder) Flüchtlingspolitik und UNHCR-Zielen widersprechen. Vgl. UNHCR-Report 1997/98, S. 55, 96, 155, 193 zitiert nach der UNHCR-Pressemitteilung, Bonn 8.12.1997, http://www.unhcr.de/news/pr/pm970812.htm.

[165] Zuletzt geschah dies Anfang Januar durch den bayerischen Innenminister Beckstein, der die Hohe Flüchtlingskommissarin der Vereinten Nationen Frau Sadako Ogata mit dem aus dem Kontext gerissenen Satz zitierte, "1998 müsse das Jahr der Rückkehr werden", um damit seine Politik der erzwungenen „freiwilligen" Rückkehr bestätigt zu sehen. Vgl. „Beckstein will weiter zügig abschieben", SZ am 20.1.1998, S. 35. Hätte Minister Beckstein den Grundtenor der gesamte Pressemitteilung verstanden und beachtet, so wäre ihm nicht entgangen, daß darin eine rigide Abschiebungspolitik stark kritisiert wird. Vgl. UNHCR press release, "Ogata urges bosnia to allow minority returns", 21st november 1997, http://www.unhcr.ch/news/pr/pr971121.htm. Ein weiterer Fall, in dem die Verlautbarungen des UNHCR in wichtigen Punkten grob verzerrt wiedergegeben wurden, lag hinsichtlich der durch den UNHCR benannten 22 Zielgebiete (target areas) vor. Zur Beschleunigung der freiwilligen Rückkehr wurden 22 Zielgebiete ausgesucht, auf die schwerpunktmäßig die Konzentration beim Wiederaufbau etc. gelenkt werden sollte und die sich für Mehrheitsrückkehrer bevorzugt anbieten würden. Jedoch sollten diese Gebiete keinesfalls als sichere Gebiete (safe areas) für die unfreiwillige Rückkehr aus dem Ausland angesehen werden. Exakt dies geschah jedoch auf der IMK vom 19.9.1996. Vgl. Saenger, Michael, "Die Rechtsstellung der bosnisch-herzegowinischen Kriegsflüchtlinge", ZAR 4/1997, S. 175/176. Generell zum Standpunkt des UNHCR vgl. "UNHCR zur Rückführung der Flüchtlinge nach Bosnien-Herzegowina", Informationsbrief Ausländerrecht 6/96, S. 243/44.

hier offenbleiben. Es besteht jedoch berechtigter Grund zur Annahme, daß die Möglichkeiten zur Einflußnahme und die Bedeutung, die der UNHCR innerhalb der bundesdeutschen Gesellschaft einnimmt noch nicht ausgeschöpft sind. Hier liegt ein Potential für die zukünftige Gestaltung der bundesdeutschen Flüchtlings- und Asylpolitik. Zum jetzigen Zeitpunkt gilt es allerdings festzuhalten, daß sich die Behauptung von der Übereinstimmung der bundesrepublikanischen oder der länderspezifischen Flüchtlingspolitik[166] mit den Zielen des UNHCR in der üblicherweise praktizierten Allgemeinheit keineswegs aufrecht erhalten läßt.
Auf kommunaler Ebene sind es vielfach die Sozialbehörden und die kirchlich-karitativen Institutionen, die für die Betreuung der Flüchtlinge und zugleich auch für eine inhaltliche Ausgestaltung und Bearbeitung der gesamten Flüchtlingsthematik zuständig sind. Vereinzelt wird auch von Ordnungsbehörden berichtet, die sich in einer humanen und umfassenden Herangehensweise der Thematik annehmen.[167] Vollends die Ausnahme innerhalb der deutschen Städtelandschaft sind eigens zur Bewältigung flüchtlingsspezifischer Probleme geschaffene kommunale Flüchtlingsämter.[168]
Verwunderlich ist auch die Tatsache, daß es bis zum heutigen Zeitpunkt keine Flüchtlingsbeauftragten auf Länderebene gibt, die vergleichbar der Ausländerbeauftragten der Bundesregierung oder ähnlich den Datenschutzbeauftragten der Länder einer gesetzlichen Grundlage entsprechend jährliche Berichte zur Lage veröffentlichen könnten und zugleich die Funktion eines Ombudsmannes/ einer Ombudsfrau wahrnehmen sollten. Die in München für Bayern eingerichtete "Zentrale Informationsstelle des Freistaats Bayern für Rückkehrfragen bosnischer Flüchtlinge" nimmt keine der oben angeführten Aufgaben wahr und kann daher nicht als Ersatz angesehen werden.

---

[166] Sofern hier von einer Übereinstimmung zwischen Bund und Länder überhaupt ausgegangen werden kann. In Anbetracht der in der Vergangenheit oft voneinander abweichenden Einschätzungen und Vorstellungen (z.B. von Außenminister Kinkel, Verteidigungsminister Rühe, Schwarz-Schilling, Schlee, Beckstein - SZ Artikel) bezogen auf die weitere Vorgehensweise im Falle der Rückführung der bosnischen Bürgerkriegsflüchtlinge, darf dies ernstlich bezweifelt werden.

[167] Als besonderes Beispiel kann hier die Ausländerbehörde der Landeshauptstadt Stuttgart unter der Leitung von Frau Elisabeth Koller angeführt werden. Entnommen einem Interview mit R. Brettmeister, Ombudsmann für Ausländerinnen und Ausländer der Landeshauptstadt München.

[168] Dem Autor ist in dieser spezifisch institutionellen Form innerhalb der BRD nur das Amt für Flüchtlinge der Landeshauptstadt München bekannt. Vgl. hierzu Kap. III dieser Arbeit. Dies sollte jedoch unter keinen Umständen als Bewertung des in anderen Städten in anderer Form erfolgenden Einsatzes zum Wohl und für die Rechte von Flüchtlingen mißverstanden werden.

Zur besseren Koordinierung von Rückkehr und begleitendem Wiederaufbau bestellte die Bundesregierung im Sommer 1997 den Minister a.D. Dietmar Schlee, MdB, zum Beauftragten für Flüchtlingsrückkehr und rückkehrbegleitenden Wiederaufbau in Bosnien und Herzegowina; hierfür wurden Arbeitsstäbe für den Beauftragten in Bonn und Sarajewo gebildet.[169]

Von großem Wert und - besonders in Anbetracht der unvollständigen staatlichen Schutz- und Betreuungsmaßnahmen - als nahezu unentbehrlich gestaltet sich die Tätigkeit der verschiedenen regierungsunabhängigen Organisationen wie Amnesty International, Pro Asyl, medico international, Komitee für Grundrechte und Demokratie und vieler kleinerer und z.T. auch nur regional aktive Hilfs- und Unterstützergruppen, die sich die Stärkung und das Eintreten für die Rechte von Flüchtlingen auf regionaler, nationaler und internationaler Ebene zum Ziel gesetzt haben.

Die evangelische und die römisch-katholische Kirche Deutschlands können, was die Ziele ihrer Flüchtlingspolitik anbelangt, nur zum Teil gemeinsam betrachtet und beurteilt werden. Beiden Kirchen gemeinsam ist, daß sie in der Vergangenheit mit differenzierten und gesellschaftlichen Tendenzen entgegenstehenden Stellungnahmen an die Öffentlichkeit traten, und dies bisweilen auch in Form von ökumenischen Publikationen veröffentlichten, was die Bedeutung dieser Schreiben unterstrich.[170] Was den Part der römisch-katholischen Kirche anbelangt, so entspricht das Handeln der höherrangigen Offiziellen diesen fundierten Texten[171] nur in kleinen Teilen, d.h. die Umsetzung der theoretischen Positionen erfolgt in den meisten Diözesen nur sehr zögerlich.[172] Im Gegensatz zur evangelischen Kirche oder den vielfach sehr engagierten Kir-

---

[169] Vgl. Vorabexemplar des Berichtes der Beauftragten der Bundesregierung für Ausländerfragen über die Lage der Ausländer in der Bundesrepublik Deutschland, Dezember 1997, S. 139.

[170] "...und der Fremdling, der in deinen Toren ist." - Gemeinsames Wort der Kirchen zu den Herausforderungen durch Migration und Flucht, herausgegeben vom Kirchenamt der Evangelischen Kirche in Deutschland und dem Sekretariat der Deutschen Bischofskonferenz in Zusammenarbeit mit der Arbeitsgemeinschaft Christlicher Kirchen in Deutschland, Bonn/Frankfurt am Main/Hannover, 1997.

[171] "Flüchtlinge - eine Herausforderung zur Solidarität" - Päpstlicher Rat "Cor Unum", Rom, 2. Oktober 1992.

[172] So hat die röm.-kath. Kirche in München mit ihrer Form der Flüchtlingspolitik als moralische Instanz versagt. Ihren Spielraum für die individuelle Lösung einzelner Härtefälle versucht sie sich dadurch zu erhalten, daß sie in der überwiegenden Zahl der Fälle schweigt, wenn es zur Anwendung und Entwicklung einer inhumanen Ausländer- und Flüchtlingspolitik kommt. Vgl. Interview mit Rudolf Brettmeister, Ombudsmann der Landeshauptstadt München für Ausländerinnen und Ausländer vom 17.11.1997.

chengemeinden[173] bzw. Unterstützergruppen einzelner Flüchtlinge/Flüchtlingsfamilien beider Konfessionen, wurde von der offiziellen Seite der katholischen Kirche selten ernsthaft der Versuch unternommen, Öffentlichkeit für die Probleme vieler Flüchtlinge in Deutschland zu schaffen oder sich in stärkerem Maß mit dem Institut des Kirchenasyls auseinanderzusetzen.[174] Wenn auch die evangelische Kirche lange nicht ihren gesamten Handlungsspielraum ausgenutzt hat, so zeigte sie sich insgesamt mutiger, wobei die bayerische Landskirche oftmals in besonderer Weise zur Stellungnahme herausgefordert war, dadurch daß der bayerische Innenminister Beckstein sozusagen in Personalunion zum einen die dezidiert repressive bayerische Flüchtlingspolitik repräsentiert und andererseits zugleich Synodaler der evangelischen Landeskirche ist.
Grundsätzlich haben fast alle Wohlfahrtsverbände auch Angebote für Flüchtlinge in ihr Programm aufgenommen und stellen Informations-, Beratungs- und Betreuungsangebote zur Verfügung, d.h. es erfolgt z.B. durch die Kirchen die Mitfinanzierung von Beratungsstellen und Koordinationsbüros für Flüchtlinge.
Zusammenfassend läßt sich festhalten: den offiziellen theoretischen Positionen zufolge wäre von Seiten der christlichen Kirchen Deutschlands ein stärkeres Engagement und ein nachhaltigerer Einsatz für die Rechte von Flüchtlingen möglich und würde in der Praxis des Flüchtlingsschutzes zweifelsohne eine Wirkung erzielen.

---

[173] Die zahlreichen Fälle von Kirchenasyl in Bayern mögen hierfür beredtes Beispiel sein. Den Informationen des Nachrichtenmagazins „Der Spiegel“ zufolge, befanden sich Ende 1996 von den ca. 150 Menschen, die zur damaligen Zeit bundesweit von Christen im Kirchenasyl betreut wurden, ungefähr 50 in bayerischen Kirchen. Vgl. „Enger Ring“, Der Spiegel 42/1996, S. 74-76.

[174] Seitens der evangelischen Kirche hingegen erfolgte eine intensive Auseinandersetzung mit der Frage des Kirchenasyls, wie es einige Beispiel der jüngsten Zeit belegen, vgl. "Bischof widerspricht Beckstein", SZ am 19.1.1998, S. 35, "Landesbischof nimmt Innenminister ins Gebet", SZ am 28.4.1997, S. 41, Reuter, Hans-Richard, "Subsidiärer Menschenrechtsschutz: Bemerkungen zum Kirchenasyl aus protestantischer Sicht", ZRP 1996, Heft 3 S. 97-101. Grundsätzlich zum Institut des Kirchenasyls vgl. Rothkegel, Ralf, "Kirchenasyl - Wesen und rechtlicher Standort", ZAR 3/1997, S. 121 ff., Geis, Max-Emanuel, "Kirchenasyl im demokratischen Rechtsstaat", JZ 2/1997, S. 60-67.

II.3. Flüchtlingspolitik der Bundesregierung, der Bundesländer und insbesondere des Freistaates Bayern im Zusammenhang mit den Bürgerkriegsflüchtlingen aus Bosnien

II.3.1. Flüchtlingspolitik der Bundesregierung und der Bundesländer

Für Bürgerkriegsflüchtlinge, die in der Bundesrepublik Deutschland Aufnahme und vorübergehenden Schutz gefunden hatten, wurde die rechtliche Situation ab der Mitte der 80er Jahre immer unsicherer. Galt zuvor eine liberale Duldungspraxis stets als Ausgleich zu den restriktiven Entscheidungen der Asylgerichte, so änderte sich dies spätestens nach der Innenministerkonferenz von Saulgau im Oktober 1986: die bundesweiten Abschiebestops wurden aufgehoben oder eingeschränkt mit der Folge, daß künftig auch in Kriegs- und Krisenländer abgeschoben werden sollte.[175] Dieselbe Richtung schlug das am 1.1.1991 in Kraft getretene neue Ausländergesetz ein, das den obersten Landesbehörden nurmehr im Einvernehmen mit dem Bundesinnenminister erlaubt, Ausländern aus bestimmten Staaten oder bestimmten Ausländergruppen, gemäß § 32 aus völkerrechtlichen oder humanitären Gründen eine Aufenthaltsbefugnis zu erteilen. Seit Anfang der 90er Jahre wurde intensiv über die Einführung eines sogenannten B-Status[176] für Bürgerkriegsflüchtlinge diskutiert. Der deutliche Widerstand der Unionsfraktionen gegen die Einführung einer besonderen Rechtsgrundlage für Bürgerkriegsflüchtlinge konnte erst im Rahmen der Aushandlung des sogenannten "Asylkompromisses" im Herbst 1992 überwunden werden.
Den Aspekt der völker- und verfassungsrechtlichen Fragwürdigkeit dieser zwischen CDU/CSU, SPD und FDP getroffenen Vereinbarungen außer Acht lassend[177], soll an dieser Stelle lediglich interessieren, was zur Frage der Bürgerkriegsflüchtlinge und der eigens für sie geschaffenen Rechtsgrundlage in dem Parteienkompromiß enthalten ist. Dort heißt es bezogen auf die Kosten, die die Anwendung des § 32a AuslG mit sich

---

[175] Nuscheler, Franz, 1995, S. 159, zitiert nach: Schneider, Iris, „Bürgerkriegsflüchtlinge in Deutschland: Ihr Status in Gesetz und Praxis“, Wissenschaftliche Arbeit an der Ludwig-Maximilians-Universität München zur Erlangung des Diploms für Journalismus, 1995, S. 13.

[176] Der Begriff B-Status dient als Abkürzung für den besonderen Status als Bürgerkriegsflüchtling.

[177] Vgl. hierzu die zahllose im Zusammenhang mit der Änderung des Art. 16 GG veröffentlichte Literatur. Grundlegend hierzu: Zimmermann, Andreas, „Das neue Grundrecht auf Asyl“, Verfassungs- und völkerrechtliche Grenzen und Voraussetzungen, Berlin, Hong Kong u.a. 1994, und Frowein, Jochen Abr./Zimmermann, Andreas, „Die Asylrechtsreform des Jahres 1993 und das Bundesverfassungsgericht“ in: JZ 15/16, 1996, SS. 753-764.

brächte: "Über Fragen der Aufteilung der sich daraus ergebenden finanziellen Konsequenzen im Sinne einer Aufteilung zwischen Bund, Ländern und Gemeinden wird ein Einvernehmen im Zuge der Beratungen über die Bund-Länder-Finanzbeziehungen angestrebt".[178] Dieser Satz beinhaltet einen "unehrlichen Kompromiß" auf dem Rücken der Flüchtlinge, wenn man davon ausgeht, daß die am Zustandekommen dieses Ergebnisses beteiligten Verhandlungsparteien schon zum damaligen Zeitpunkt wissen mußten, daß es zu diesem unverzichtbaren Einvernehmen kaum jemals kommen wird. Dafür, spricht z.B. die von der Landesregierung Baden-Württembergs am 27.4.1993, noch vor der Zustimmung des Bundesrates zum Asylkompromiß-Gesetz beantragten Entschließung im Bundesrat zur Aufnahme von Kriegs- und Bürgerkriegsflüchtlingen, in der es unter Punkt 3 heißt: "Unterbringung, Unterhalt und Krankenversicherung und spätere Rückführung für Kriegs- und Bürgerkriegsflüchtlinge müssen in gesamtstaatlicher Verantwortung des Bundes sowie der Länder und der Kommunen geregelt werden, insbesondere müssen die finanziellen Folgen der Aufnahme und der Rückführung dieser Menschen von Bund, Ländern und Gemeinden gemeinsam getragen werden. Der Bundesrat erwartet insbesondere nach wie vor eine 50-prozentige Beteiligung des Bundes an allen Kosten."[179]
Im Mai 1993 erfolgte dann die Zustimmung des Bundesrates sowohl zum sogenannten "Asylkompromiß" als auch zum Gesetz zur Umsetzung des Föderalen Konsolidierungsprogramms (FKP) - wohl wissend, daß bei den FKP-Verhandlungen tatsächlich keine Einigung über die Aufteilung der Kosten im Zusammenhang mit dem § 32a AuslG erreicht worden war.[180]
Die Brisanz dieser Vorgehensweise war offensichtlich und so ließ der ehemalige SPD-Innenminister Baden-Württembergs, Frieder Birzele, ein gewisses Maß an Weitblick erkennen, als er den Bundesrat warnte: "Die

---

178 "Ergebnisse der Verhandlungen zu Asyl und Zuwanderung" vom 6.12.1992, S. 3, zitiert nach: Schneider, Iris, "Bürgerkriegsflüchtlinge in Deutschland - Ihr Status in Gesetz und Praxis", Wissenschaftliche Arbeit an der Ludwig-Maximilians-Universität München zur Erlangung des Diploms für Journalismus, 1993, S.21.

179 BR-Drs. 289/93 vom 27.4.1993, S.2.

180 Schneider, Iris, "Bürgerkriegsflüchtlinge in Deutschland - Ihr Status in Gesetz...", 1993, S. 22. Zur Forderung des Bundesrates nach der hälftigen Mitfinanzierung durch den Bund erklärte der damalige Bundesinnenminister Rudolf Seiters: "Die Beratungen über das Föderale Konsolidierungsprogramm und damit die Bund-Länder-Ffinanzbeziehungen sind .(...). inzwischen einvernehmlich abgeschlossen worden. Dabei ist der Bund den Ländern in weiten Bereichen entgegengekommen. Die Frage der Kostenbeteiligung des Bundes bei der Aufnahme von Bürgerkriegsflüchtlingen kann jetzt nicht nachträglich geltend gemacht werden", vgl. BR-Pl. Pr. 657/93 vom 28.5.1993, S. 209.

aktuelle Situation zeigt überdeutlich, daß diese Vorschrift (gemeint ist der § 32a AuslG, Anm.d.V.) obsolet ist, bevor sie in Kraft tritt."[181]
Die Mitglieder des Bundesrates konnten sich jedoch nicht dazu durchringen, die beiden zur Verabschiedung anstehenden Gesetze aufgrund dieses Problems scheitern zu lassen und so hatte die BRD nach der 657. Sitzung des Bundesrates faktisch einen Sonderstatus für Bürgerkriegsflüchtlinge ohne die dazugehörige finanzielle Regelung. Am Ergebnis dieses verantwortungslosen Taktierens, sowohl von Bundesrats- als auch Bundesregierungsseite, hat sich bis zum heutigen Zeitpunkt nichts geändert.[182]

Zahlreiche Motivationen, die die Politiker zu diesem Handeln bewogen haben könnten, sind denkbar. Fest steht jedoch, daß sich die Nicht-Implementierung des § 32a AuslG in der Praxis der Flüchtlingspolitik graviernd auswirkt. Es sind davon sowohl aufenthaltsrechtliche als auch leistungsrechtliche Fragen betroffen mit der Folge, daß die sich in Deutschland aufhaltenden Bürgerkriegsflüchtlinge täglich um gesetzlich verbriefte Rechte betrogen werden.[183]
An oberster Stelle steht die Frage des Aufenthaltsstatus. Da der für die Bürgerkriegsflüchtlinge vorgesehene Sonderstatus nicht umgesetzt wurde, lebte der größte Teil der bosnischen Flüchtlinge auch Jahre nach der Einreise noch immer auf der Grundlage einer immer wieder verlängerten Duldung, d.h. mit äußerst unsicherem Aufenthaltsstatus, in der Bundesrepublik Deutschland. Dies wird von verschiedenster Seite deutlich kritisiert; so fordert die Ausländerbeauftragte der Bundesregierung Schmalz-Jacobsen in ihrem Bericht vom Dezember 1995 die Umsetzung des § 32a AuslG und empfiehlt den zuständigen Behörden zugleich, bis zu diesem Zeitpunkt grundsätzlich eine Aufenthaltsbefugnis zu erteilen.[184]
Der Münchner Ausländerrechtsexperte H. Heinhold findet noch deutlichere Worte, indem er schreibt: "Der Gesetzgeber hat dies ausdrücklich nicht gewollt, sondern in § 32a AuslG, § 32a AsylVfG hierfür eine Aufenthaltsbefugnis vorgesehen. Die fehlende Einigung zwischen Bund und Ländern .(...). darf nicht dazu führen, Menschen, die Schutz brauchen,

[181] BR-Pl. Pr. 656/93 vom 7.5.1993, S. 164.

[182] Schneider, Iris, "Bürgerkriegsflüchtlinge in Deutschland ...", 1993, .S. 23.

[183] Entnommen einem Interview mit R. Brettmeister, Ombudsmann der Landeshauptstadt München für Ausländerinnen und Ausländer, geführt am 17.11.1997.

[184] Vgl. den Bericht der Ausländerbeauftragten, Bonn, Dezember 1995, S. 87/88. Weiter heißt es dort: "Es ist nicht hinzunehmen, daß immer wieder bosnische Kinder und Jugendliche, die vor dem Krieg in ihrer Heimat geflohen sind, lebensgeschichtlich wertvolle Jahre verlieren, weil ihnen ausländer- und arbeitserlaubnisrechtliche Vorschriften eine Berufsausbildung unmöglich machen."

mit geringeren Rechten auszustatten, als sie der Gesetzgeber an sich vorgesehen hat. Zumindest müssen daher die bei uns befindlichen de-facto-Bürgerkriegsflüchtlinge eine Aufenthaltsbefugnis und nicht nur eine Duldung erhalten."[185] Der weit verbreitete Einwand, dies führe zu einer Aufenthaltsverfestigung[186], treffe zu, so Heinhold, der dafür plädiert, dies auch in aller Offenheit zu bejahen: "Es ist unmenschlich und mit der humanitären Konzeption des Grundgesetzes und jenseits allen Rechtes schlicht und einfach mit Anstand und Menschenwürde nicht zu vereinbaren, wenn der Staat nicht bereit ist, den Menschen, die gezwungenermaßen 8 Jahre als Kriegsflüchtlinge in Deutschland leben mußten, nach dieser Zeitspanne die freie Wahl zu lassen, ob sie in ihr kriegszerstörtes Heimatland zurückkehren wollen oder ob sie, beispielsweise weil ihre Kinder nur noch deutsch sprechen, lieber in Deuschland bleiben wollen. Auch der Gesetzgeber hat dies so gesehen und die - hoffentlich nur theoretische - Möglichkeit in Kauf genommen, daß der Bürgerkriegsstatus 8 Jahre andauert. Dies darf nicht unterlaufen werden."[187]

Die Auswirkungen leistungsrechtlicher Art stehen in Zusammenhang mit dem Asylbewerberleistungsgesetz. Geduldete bosnische Bürgerkriegsflüchtlinge galten nach § 1 Abs. 1 Nr. 2 AsylbLG a.F. als "Leistungsberechtigte", die in der Regel gemäß § 2 Abs. 1 Nr. 2 AsylbLG analog § 120 BSHG "besondere Leistungen" bezogen, da sie nach dem Ausländergesetz zwar "vollziehbar ausreisepflichtig" waren, die Umstände, die den Abschiebestopp und die Duldungserteilung rechfertigen, jedoch nicht zu vertreten hatten. Daß diese Auffassung nicht überall geteilt wurde - insbesondere nicht nach dem IMK-Beschluß vom 19.9.1996[188] - und welche Konsequenzen dies für die Flüchtlinge mit sich brachte, kommt innerhalb der Darstellung der Flüchtlingspolitik der Stadt München zur Sprache. In solchen Fällen erhielten schon bereits damals die geduldeten bosnischen Flüchtlinge keine Leistungen analog BSHG.[189]

---

[185] Heinhold, Hubert, "Recht für Flüchtlinge", S. 98.

[186] Nach § 35 AuslG tritt eine solche Verfestigung nach 8 Jahren ein.

[187] Heinhold, Hubert, "Recht für Flüchtlinge", S. 98.

[188] Es wurde argumentiert, daß einer freiwilligen Rückkehr der Flüchtlinge nach diesem Beschluß der IMK nichts im Wege stand, und daher nurmehr Leistungen nach § 1 AsylbLG auszubezahlen wären. Vgl. Schreiben des Bayerischen Staatsministeriums für Arbeit und Sozialordnung, Familie, Frauen und Gesundheit vom 26.11.1996 bzgl. der Leistungsberechtigung nach dem Asylbewerberleistungsgestz, S. 1-2.

[189] ZDWF/UNHCR (Hrsg.), "Kriegs- und Bürgerkriegsflüchtlinge in Deutschland", S. 52.

Die zum 1. Juli 1997 in Kraft getretene Novellierung des AsylbLG setzte eine Diskussion in Gang, in deren Verlauf von Fachleuten schwere Bedenken gegenüber dem Gesetz geäußert wurde.[190] Nicht zuletzt auf die Inititative Bayerns hin, kam es z.B. zu einer Ausweitung des AsylbLG auch auf geduldete Bürgerkriegsflüchtlinge[191] nach §§ 32, 32a AuslG, die - bei erfolgter Umsetzung des B-Status - eine ausländerrechtliche Aufenthaltsbefugnis erhalten müßten und sodann Anspruch auf Leistungen analog § 120 BSHG geltend machen könnten. Zudem wurde der § 2 des AsylbLG a.F. ersetzt durch den § 2 AsylbLG n.F., der eine 3-jährige Sperre für "Leistungen in besonderen Fällen" einführt, sogar für diejenigen Personen, die sich schon mehrere Jahre rechtmäßig in der BRD aufhalten und die bisher Leistungen gemäß § 2 AsylbLG entsprechend BSHG bezogen haben. Zusammengefaßt bedeutet das: die gesamte Diskussion um die Frage der von den Flüchtlingen zu vertretenden oder nicht zu vertretenden Ausreisehindernisse wurde für 3 Jahre ausgesetzt, da frühestens ab dem 1. Juni 2000 erneut Ansprüche auf "Leistungen in besonderen Fällen" analog BSHG geltend gemacht werden können.[192] Bis Ende Mai 2000 werden somit nach momentan geltender Rechtslage, d.h. vorbehaltlich weiterer Gesetzesänderungen ausschließlich Leistungen gemäß §§ 3 bis 7 AsylbLG n.F. gewährt.[193]
Verbunden mit der Verabschiedung dieses Gesetzes durch den Bundesrat[194] war eine Empfehlung des Vermittlungsausschusses an die Länder, sich zur Unterstützung der Rückkehr von Bürgerkriegsflüchtlingen zu verpflichten, "für einen Zeitraum von fünf Jahren ab 1998 einen Betrag von insgesamt DM 750 Mio. zum Wiederaufbau von Wohnungen und sozialer Infrastruktur in Bosnien und Herzegowina zur Verfügung zu stellen.[195] Das Land Bayern hat unmittelbar danach erklärt, daß es sich

[190] So z.B. von Hohm, Karl-Heinz bezüglich der fraglichen Verfassungswidrigkeit des neuen Asylbewerberleistungsgesetzes, "Novellierung des Asylbewerberleistungsgesetzes" in: Neue Zeitschrift für Verwaltungsrecht 1997, S. 659 ff. oder Sieveking, Klaus, "Verfassungsrechtliche Fragen zur Absenkung von Sozialhilfeleistungen für Flüchtlinge" - Ein Rechtsgutachten, ZDWF-Schriftenreihe Nr. 63, Siegburg, 1000.

[191] Bundesratsinitiative des Landes Bayern vom 18.5.1994, BR-Drucksache 480.94.

[192] § 2 Abs. 1 AsylbLG n.F.

[193] Hohm, Karl-Heinz, "Novellierung des Asylbewerberleistungsgesetzes", NVwZ 1997, Heft 7, S. 659-663.

[194] Diesem stimmten auch die SPD- bzw. rot-grün-regierten Länder Hamburg, Niedersachsen, Nordrhein-Westfalen und Saarland am 25.4.1997 endgültig zu; vgl. BR-Dr 296/97 (Beschluß).

[195] BR-Prot. 711.

nicht an diesem Aufbaufonds beteiligen werde, da die Hilfe zum Wiederaufbau eine Aufgabe der EU und des Bundes darstelle.[196]
Diese Politik gegenüber Flüchtlingen veranlaßte verschiedene Nicht-Regierungsorganisationen zu heftigen Entgegnungen: so kritisierte Pro Asyl die Sozialhilfekürzung für Asylbewerber und Bürgerkriegsflüchtlinge als "bislang schlimmste Entgleisung im Europäischen Jahr gegen Rassismus" und sprach von einem "rassistisch geprägten Sondergesetz."[197]
Man muß nicht den Ton dieser Kritik teilen um zu erkennen, daß hier in der Tat der ursprüngliche beschrittene und vom Grundgesetz geleitete Weg, nämlich durch Einrichtung des BSHG allen in der Bundesrepublik Deutschland lebenden Menschen die Führung eines Lebens in Würde zu ermöglichen verlassen wird, dadurch, daß eine bestimmte Gruppe aus der allgemeinen sozialrechtlichen Fürsorge ausgegrenzt wird. Die Tatsache, daß sich die Bemessung des Sozialhilfesatzes am jeweils aktuellen Existenzminimum orientiert bedeutet im Umkehrschluß, daß hier aus Gründen der Abschreckung und der Kostenersparnis eine Gruppe von Mitbürgern zu einer Lebensführung deutlich unterhalb des Existenzminimums gezwungen wird.[198]

Soweit in abrißartiger Manier zu den unvollständig aufgelisteten rechtlichen und politischen Gegebenheiten und den dabei offensichtlich zugrundeliegenden ökonomischen Zielen der bundesdeutschen Diskussion um die Schaffung - und bisher in keinem einzigen Fall erfolgten Anwendung - des § 32a AuslG.
Problematisch für die Entfaltung und konzeptionelle Weiterentwicklung der deutschen Flüchtlingspolitik bezogen auf die vorübergehende Schutzgewährung für Bürgerkriegsflüchtlinge war, daß die Diskussion dieser Inhalte stets im Umfeld der nationalen Asyl- und Einwanderungspolitik und -diskussion[199] stattfand und sie sich dadurch nur schwerlich

[196] Vgl. Antwort der Staatsministerin für Arbeit und Sozialordnung, Familie , Frauen und Gesundheit, Barbara Stamm auf eine Anfrage von Bündnis' 90/DIE GRÜNEN zur Umsetzung des AsylbLG in Bayern im Rahmen einer Fragestunde des Bayerischen Landtags am 26.6.1997.

[197] SZ am 2.6.1997, S. 7.

[198] Leuninger, Herbert, "Vom Rechtssubjekt zum Objekt des Staates - Das neue Asylrecht als Entrechtung des Flüchtlings", in: Festung Europa auf der Anklagebank: Dokumentation des Basso-Tribunals zum Asylrecht in Europa, Münster, 1995, S. 77/78.

[199] Ungeachtet dessen, daß sich diese Abhandlung mit dem konkreten Fall der Bürgerkriegsflüchtlinge aus Bosnien befaßt, erscheint es an dieser Stelle notwendig, in groben Zügen und kurzgefaßt auch auf die allgemeine Praxis der Flüchtlings- und Asylpolitik der BRD einzugehen. Denn nur vor dem Hintergrund dieser nationalen Diskussion und bundesweiten Verfahrensweise läßt sich die an anderer

von der Dynamik und den z.T. populistisch-polemischen Tönen dieser Auseinandersetzung absetzen konnte.
Um eine glaubwürdige Politik im Zusammenhang mit den Kriegsflüchtlingen aus Bosnien zu betreiben, wäre eine stringente Menschenrechtspolitik und demgemäß ein viel konsequenteres Einfordern der Verfolgung von Kriegsverbrechern notwendig, um nur ein Beispiel zu nennen. So sah sich Judith Kumin, die damalige Repräsentantin der Hohen Flüchtlingskommisssarin der Vereinten Nationen für Deutschland noch im August 1997 gezwungen, in der Öffentlichkeit die Frage zur Diskussion zu stellen, "ob Menschen in ein Land zurückgeschickt werden sollen, wo ihre Folterer und die Mörder ihrer Familien unbehelligt im Nachbarhaus wohnen ?"[200] Diese Frage wurde bis zum damaligen Zeitpunkt in der Bundesrepublik Deutschland nicht diskutiert - zumindest nicht in der breiten Öffentlichkeit.
Ebensowenig stand es in der Vergangenheit zur Diskussion, ob Bosnien zum derzeitigen Zeitpunkt nicht zusätzlich eine Autorität zur Umsetzung des zivilen Teils des Dayton Abkommens benötigt, da durch die bisherigen Implementierungstruppen (I-FOR) vornehmlich die militärischen Teile des Vertrages implementiert wurden[201] oder ob im Falle des Mißlingens dieser Implementierung der zivilen Vertragsteile nicht auf unbestimmte Zeit hinaus das Verbleiben der S-FOR-Truppen inclusive der Bundeswehrsoldaten die einzige Alternative darstellt.[202]
Nicht ausgelotet wurde, inwieweit die Bereitschaft hierzu besteht, sowohl seitens der Bevölkerung als auch der Politiker.
Ebenso hätte es einer konsequent an der Einhaltung der Menschenrechte ausgerichteten Politik entsprochen, wenn die Bundesregierung sich im Verlauf der internationalen Bosnien-Konferenz, die Anfang Dezember in Bonn stattfand, öffentlich und mit deutlichem Nachdruck für die Umsetzung der Maßnahmen[203], deren Unterzeichnung von ihr als

---

Stelle dargestellte und z.T. kritisch hinterfragte juristische und politische Praxis im Zusammenhang mit dem Aufenthalt bosnischer Bürgerkriegsflüchtlinge in Deutschland identifizieren und einordnen.

[200] Vgl. „Focus“, am 18.8.1997, S. 67/68.

[201] Vgl. „Schiedsrichter mit militärischer Gewalt“, SZ am 8.12.1997, „Plädoyers für eine härtere Gangart in Bosnien“, NZZ am 10.12.1997, S. 2 und „Spezialisiert auf Menschenrechte in Europa“, NZZ am 7.1.1998, S. 5.

[202] Zum aktuellen Zeitpunkt deuten die Anzeichen stark darauf hin, daß sich das Engagement in Bosnien-Herzegowina auch für die Bundeswehr zu einem Militäreinsatz ohne ein bestimmtes Abzugsdatum ausweitet. Vgl. "Einsatz auf unbegrenzte Zeit", SZ am 20.2.1998, S. 4.

[203] Hiermit sind die in Annex 7 festgeschriebenen zivilen und menschenrechtlichen Teile des Dayton-Vertrages gemeint.

Mitglied der Bosnienkontaktgruppe bezeugt wurde, eingesetzt hätte. Dies ist jedoch nur teilweise geschehen.[204]
Zudem bleibt offen, warum in diesem Zusammenhang von der deutschen Bundesregierung nicht auch die Frage nach einer zeitlich begrenzten "Treuhandregierung" für Bosnien ins Spiel gebracht wurde, wo dies doch nach Überzeugung großer Teile der bosnischen Bevölkerung den sichersten Weg zur Demokratie darstellte.[205]

Dies sind sehr wichtige Fragen, die in Deutschland im Zusammenhang mit den Flüchtlingen aus Bosnien nicht diskutiert wurden. Diese Tatsache läßt den Verdacht aufkommen, die Bundesregierung habe den Zugewinn an internationalem Renomee, der damit verbunden war, am Zustandekommen des Friedensabkommens von Dayton mitbeteiligt zu sein, gerne akzeptiert, nicht jedoch die davon untrennbare Mitverantwortung an der vollen Umsetzung dieses völkerrechtlichen Vertrages.
Unzweifelhaft ist das, was die Politik der Bundesregierung und in noch stärkerem Maße die Flüchtlingspolitik der IMK derzeit bewirkt, nämlich den Bürgerkriegsflüchtlingen ihr völkerrechtlich garantiertes Recht auf Rückkehr an ihren Heimatort faktisch zu verweigern[206], in doppeltem Sinn schädlich:
Zum einen handelt es sich hierbei auch nach Ansicht der Bundesregierung um einen klaren Verstoß gegen das geltende Völkerrecht[207], welcher im Falle einer offensichtlichen Hinnahme die Glaubwürdigkeit des gesamten Völkerrechtssystems nachhaltig schädigt. Zum anderen kommt dies einer Bestätigung der ethnischen Säuberungen gleich und

---

[204] Vgl. Schlußdokument der Konferenz des Peace Implementation Council (PIC) vom 9. und 10. Dezember 1997 in Bonn, in: Bulletin des Presse- und Informationsamtes der Bundesregierung Nr. 5, 20.1.1998, S. 45-59 und „Serben verlassen geschlossen den Saal", SZ am 11.12.1997, S. 7.

[205] Neudeck, Rupert, "Zwei Rückkehrer nach Sarajewo" in: Orientierung, Nr. 3, Zürich, 15.2.1998, S. 34/35.

[206] An dieser Stelle wird gewöhnlich der Einwand erhoben, daß es nicht in der Kompetenz der Bundesregierung oder der IMK liege, für die Einhaltung der durch den Staat Bosnien-Herzegowina eingegangenen völkerrechtlichen Verpflichtungen zu sorgen. Zugleich kann es aber nicht im Interesse der Bundesregierung sein, ein Rücknahmeabkommen mit einem Staat abzuschließen, welches den Völkerrechtsbruch der anderen Vertragspartei quasi antizipiert. Es ist bisher jedenfalls nicht realistisch vorstellbar, wie denn die Umsetzung des zwischen der BRD und Bosnien-Herzegowina abgeschlossenen Rücknahmeabkommens in Übereinstimmung mit den Bestimmungen des Dayton-Vertrages erfolgen könnte.

[207] Vgl. BT-Drucksache 13/7994 vom 18.6.1997, Anwort der Bundesregierung auf die Kleine Anfrage verschiedener Abgeordneter und der Fraktion der SPD, Punkt 3.

könnte somit eine Ermunterung für zukünftige militärische Lösungen und Völkermord mitten in Europa sein.

II.3.2. Flüchtlingspolitik des Freistaates Bayern

Wie bereits erwähnt, läßt die Beschlußlage der IMK den Bundesländern bei der Ausgestaltung der Erlasse einen erheblichen Spielraum. In der bayerischen Verwaltungspraxis erfolgte bis zum aktuellen Zeitpunkt die Auslegung dieser Vorschriften unterschiedlich, in den meisten Fällen jedoch restriktiv und selten die Ermessenspielräume zugunsten der Flüchtlinge nützend.[208] Hierzu einige grundlegende Beispiele:
Während einige Bundesländer die Unterscheidung in Flüchtlinge der Phase 1 und Phase 2 aufgegeben haben und generell kroatische und moslemische (bosniakische) Volkszugehörige aus der Republika Srpska für einen Übergangszeitraum von Abschiebungsmaßnahmen ausnehmen, haben in Bayern alle Bosnier aus Phase 1 nach Erlaßlage eine Abschiebungsandrohung erhalten. Diese Personen konnten in Bayern lediglich eine Grenzübertrittsbescheinigung[209] erhalten. Die Abschiebung moslemischer oder kroatischer Volkszugehöriger aus der Republika Srpska ist einem IMK-Beschluß zufolge "nachrangig"[210] zu betreiben, was jedoch keinen Schutz vor Abschiebung darstellt. In Bayern wird diese Formulierung so verstanden, daß diese Fälle vorerst dem Innenministe-

[208] "Das baden-württembergische Innenministerium (CDU) entwickelt immer noch die vernünftigsten Umsetzungsrichtlinien in Bezug auf Flüchtlinge .(...). Es ist ja interessant: beide Innenminister (In dem Fall sind der bayerische und der baden-württembergische Innenminister gemeint, Anm. d.Verf.) sitzen in der gleichen IMK und kommen doch mit den verschiedensten Regelungsbündel nach Hause...". Entnommen einem Interview mit R. Brettmeister, Ombudsmann der Landeshauptstadt München für Ausländerinnen und Ausländer, vom 17.11.1997.

[209] Was die rechtliche Zulässigkeit von im Ausländergesetz als Aufenthaltstitel nicht vorgesehenen Grenzübertrittsbescheinigungen anbelangt siehe auch Kap. III. 2. dieser Arbeit. Desweiteren vgl. Heinhold, Hubert, "Recht für Flüchtlinge", S. 99/100.

[210] Nachrangig bedeutet in diesem Zusammenhang nicht, daß Abschiebungen dieses Personenkreises erst erfolgen, wenn alle übrigen Betroffenen Bayern verlassen haben. Vielmehr finden Abschiebungen von Bosniaken und Kroaten mit Herkunftsgebiet Republika Srpska regelmäßig gegen Ende der jeweiligen Phase (...) statt, und das ist hinsichtlich der Phase 1 spätestens seit Anfang Juli 1997 der Fall, vgl. S. 9 der Zusammenfassung der wichtigsten bei der Rückführung ehemaliger bosnischer Bürgerkriegsflüchtlinge zu beachtender Regelungen, Bayerisches Staatsministerium des Innern, 3.9.1997.

rium zur Genehmigung vorzulegen sind.[211] Daß sich das bayerische Innenministerium auch in Anbetracht vielfältiger Proteste und Petitionen nicht davon abbringen läßt, auch Härtefälle einer Abschiebung zuzuführen, belegen zahlreiche Ereignisse der jüngeren Vergangenheit.[212] Hinsichtlich der Flüchtlinge der Phase 2 ist von den meisten Bundesländern entschieden worden, den moslemischen und kroatischen Familien aus der Repblika Srpska eine Duldung bis mindestens Frühjahr 1998 einzuräumen. In Bayern hingegen werden Bosnier der Phase 2 generell seit Mai 1997 zur Ausreise aufgefordert, wobei allerdings vorrangig sozialhilfeabhängige Familien[213] zurückgeführt werden sollen. Wegen der fehlenden Amnestie-Regelung für Wehrdienstverweigerer und Deserteure aus der Republika Srpska haben einige Bundesländer auch diesen Personenkreis zunächst für die nächsten Monate von Rückführungsmaßnahmen ausgenommen.[214] Eine derartige Regelung wurde in Bayern zu keinem Zeitpunkt in Erwägung gezogen.

So sehr sich der Freistaat Bayern auch in der Vergangenheit gegen die Existenz einer "bayerischen Ausländerpolitik" - und somit auch bayerischen Flüchtlingspolitik - verwahrt hat[215], sprechen die Tatsachen doch eine andere Sprache.[216]

---

[211] Diese besondere Prüfung durch das Bayerische Innenministerium wurde mit Schreiben vom 3.9.1997 wieder aufgehoben. Vgl. Bayerisches Staatsministerium des Innern, „Zusammenfassung der wichtigsten bei der Rückführung ehemaliger bosnischer Bürgerkriegsflüchtlinge zu beachtender Regelungen/Stand: 31.8.1997, S. 9.

[212] Vgl. beispielsweise „Staatlicher Druck auf Bosnier wächst", SZ am 2.12.1997, S. 55, „Innenminister Beckstein bleibt hart", SZ am 13./14.12.1997, S. 61 und „Beckstein will weiter zügig abschieben", SZ am 20.1.1998, S. 35.

[213] Die Sozialhilfebedürftigkeit ist in diesem Zusammenhang in zahlreichen Fällen ein Produkt der restriktiven Politik im Bereich des Aufenthaltsrechtes. Da vielen Flüchtlingen im Zuge der verweigerten Verlängerung von Aufenthaltsbefugnis oder Duldung auch die Arbeitserlaubnis verloren ging, können sie sich nicht länger selber versorgen und sind somit auf staatliche Unterstützung angewiesen. Dies dann als Grund für vorrangige Abschiebung anzuführen, kann in vielen Fällen nur als zynisch bezeichnet werden.

[214] ZDWF et al (Hrsg.), "Leitfaden für Flüchtlinge aus Bosien-Herzegowina", Siegburg, Oktober 1997, S. 30.

[215] Siehe Brief vom Amtschef des Bayerischen Staatsministeriums des Innern, Ministerialdirektor Dr. Waltner, vom 9.4.1997 an die Europaparlamentsabgeordnete Frau Wilmya Zimmermann.

[216] "Mit Ausnahme weniger - inzwischen eingestellter - Projekte zur Unterstützung von Heimkehrern setzt die bayerische Staatsregierung in der Frage der Rückkehr der bosnischen Flüchtlinge voll und ganz auf Abschiebung und den Druck durch Abschiebunsandrohnung. (...)Würden sich die anderen Bundesländer dieser Linie

Ein auf den ersten Blick eher marginales Beispiel dafür, ist die Art und Weise, in der die bayerischen Behörden mit dem Thema "Bürgerkriegsflüchtlinge" in der Öffentlichkeit umgehen - oder eben gerade nicht in der Öffentlichkeit mit dem Thema "Bürgerkriegsflüchtlinge" umgehen. Konkret geht es z.B. um die Frage, ob Interessierten ein Einblick in die Anweisungen und Durchführungsbestimmungen gegeben werden kann, die im Zusammenhang mit den IMK-Beschlüssen und der Problematik der Bürgerkriegsflüchtlinge vom bayerischen Innenministerium erlassen und an die Ausländerbehörden und Landratsämter weitergegeben worden sind. Nachdem die Theorie und Praxis in der bundesrepublikanischen Verwaltung grundsätzlich keinen offenen Zugang zu behördlichen Unterlagen kennt, und ein Zugang nur dann gewährleistet wird, wenn die persönlichen Rechte und Interessen des Antragstellers tangiert sind[217], verwundert ein Festhalten am Geheimhaltungsprinzip in diesem Fall kaum[218]. Nichtsdestotrotz bestand ursprünglich seitens des bayerischen Innenministeriums der Plan diese erstmalig zu veröffentlichen, was bisher jedoch nicht erfolgte.[219]
Wie sich im Verlauf dieser Untersuchung gezeigt hat, wird diese im Kern undemokratische Art der "Geheimhaltung" oder der "Vorenthaltung von Information" im Freistaat Bayern nicht nur Bürgern gegenüber praktiziert, sondern scheint auch gegenüber der Verwaltung die in diesem Kontext bevorzugte Methode zu sein, im Falle, daß diese Teile der Verwaltung nicht exakt gemäß der politischen Vorgaben der vorgeschalteten Instanzen handeln. Nur so konnte es zu der geradezu grotesken Situation kommen, daß auch dem Leiter des Flüchtlingsamtes der Landeshaupt-

anschließen, hätte dies mit Sicherheit eine große Gefährdung des Friedensprozesses zur Folge." Vgl. Interview vom 12.1.1998 mit Marion Lich, Leiterin des Büros für Rückkehrberatung und Rückkehrhilfen beim Flüchtlingsamt der Stadt München.

[217] Schäfer, Ingeborg, E., "Demokratische Kontrolle der öffentlichen Verwaltung als Strategie", in: Die Verwaltung, 26. Band, Berlin, 1993, S. 44.

[218] An dieser "Politik der Verheimlichung" wird sogar gegenüber Abgeordneten des Europäschen Parlamentes festgehalten, so sich diese auf Initiative besorgter Mitbürger hin, über die Zielsetzungen der bayerischen Landesregierung bei der Umsetzung der IMK-Beschlüsse informieren möchten. Vgl. Brief vom 9.4.1997 des Amtschef des bayerischen Innenministeriums Dr. Waltner an die Abgeordnete des Europaparlamentes Wilmya Zimmermann, in dem ihr die Einsicht in verschiedene Erlasse und Richtlinien mit dem Hinweis auf die rein behördeninterne Natur der betreffenden Schreiben verweigert wird, und es im Brief nur zu einer sehr knappen inhaltlichen Zusammenfassung kommt.

[219] Laut telephonischer Auskunft von Herrn Richert sollte die Veröffentlichung in der Novemberausgabe 1997 des bayerischen Ministerialamtsblattes erfolgen. Dieses Vorhaben wurde aus nichtgenannten Gründen gestoppt.

stadt München Wolfgang Kurreck die Aushändigung dieser verwaltungsinternen Durchführungsbestimmungen durch die zuständige Ordnungs- und Sicherheitsbehörde - stadtintern (!) - vorenthalten wurde, und er sich dadurch gezwungen sah, sich auf Umwegen Einsicht in die für die tägliche Arbeit seiner Behörde grundlegenden Bestimmungen zu verschaffen.[220]

In Anbetracht der Vorgehensweise z. B. der Innenbehörde der Hansestadt Hamburg, die in den vergangenen Jahren alle diesbezüglichen von ihr erlassenen Regelungen in der Fachzeitschrift "Informationsbrief Ausländerrecht" (InfAuslR) veröffentlichte[221], mutet das Verhalten der bayerischen Behörden verwunderlich an.

Im übrigen liefern zahlreiche Zeitungsartikel, die im Verlauf der letzten Jahre in der Süddeutschen Zeitung erschienen sind, eine beeindruckende Dokumentation des die bayerische Politik gegenüber ausländischen Flüchtlingen beseelenden Willens, diese Fälle, und somit diese Menschen, in erster Linie zügig einer Lösung zuzuführen, was in den meisten Fällen Ausweisung, Abschiebung[222] oder "Duldung" auf dem niedrigstmöglichen Rechtsniveau bedeutet.[223]

Auch spricht die nunmehr langjährige gerichtliche Auseinandersetzung zwischen der Regierung von Oberbayern und der Stadt München um die zulässige Form einer kommunalen Betätigung auf dem Gebiet der Betreuung von Flüchtlingen, ihre eigene Sprache. Es erscheint doch sehr wahrscheinlich, daß andere Bundesländer das freiwillige finanzielle, politische und humanitär-soziale Engagement einer ihrer Großstädte auf dem Gebiet der Asyl- und Flüchtlingspolitik mit Wohlwollen zur Kenntniss nähmen und diese Kommune nach Kräften unterstützten. Zumal sie, wie im vorliegenden Fall, über ein Drittel aller im Bundesland aufgenomme-

[220] Entnommen einem Interview mit Herrn Rudolf Brettmeister, Ombudsmann der Landeshauptstadt München für Ausländerinnen und Ausländer geführt am 17.11.1997.

[221] Vgl. die Ausgaben der Zeitschrift InfAuslR ab spätestens 1993.

[222] Neben den Fällen, in denen in Bayern mit Polizeigewalt ein Kirchenasyl beendet wurde, soll an dieser Stelle auch der Fall des Kurden F. Simsek und seiner Familie erwähnt sein, denen nach monatelangem Kirchenasyl, Abschiebehaft, vergeblichen Landtags-Petitionen und zeitweiligem Untertauchen in Bayern, umgehend Asyl gewährt wurde, nachdem sie nach Holland geflohen waren. Vgl. Basisbrief 3/95 von Bündnis 90/DIE GRÜNEN (Eingaben und Beschwerden an Landtag und Bundestag, http://www.gruene.landtag-bayern.de/basbrief/ 9503/bb953petit.htm.

[223] Das Wort "Duldung" steht in Anführungszeichen, da es in diesem Zusammenhang nicht den gleichlautenden nach deutschem Ausländerrecht schwächsten Aufenthaltsrechtstitel meint, sondern sich das "dulden von Flüchtlingen" hier auf das Ausstatten der Flüchtlinge mit sogenannten "Grenzübertrittsbescheinigungen" bezieht.

nen Flüchtlinge beherbergt. Diese Ansicht teilt die bayerische Staatsregierung offensichtlich nicht.[224]

Zusätzlich zu den bisher angeführten Punkten, die geeignet scheinen, die Existenz einer besondereren "bayerischen Flüchtlingspolitik" zu belegen, soll ein Fernsehgespräch mit dem bayerischen Innenminister Günter Beckstein ausgewertet werden, das geeignet scheint, immer wiederkehrende Argumentationslinien und Grundstrukturen einer "bayerischen Flüchtlingspolitik" zu verdeutlichen.[225]
Die Freiwilligkeit der Rückkehr war ein zentrales Thema der Sendung und gleich zu Beginn wurde auch durch Innenminister Beckstein bekräftigt, daß auch für ihn die Freiwilligkeit bei der Rückkehr oberstes Prinzip habe. Daß die Rede von "Freiwilligkeit" ohne eine Festlegung darauf, was dies denn genau beinhaltet, eine Worthülse darstellt und einem Lippenbekenntnis gleichkommt, sollte keiner weiteren Erklärung bedürfen. Eine Klärung, was denn nun die Festlegung auf "Freiwilligkeit als oberstes Prinzip" konkret umfasst, erfolgte im Verlauf der Sendung nicht. Fakt ist, daß die überwiegende Mehrheit der bisher zurückgekehrten Menschen gehen mußte, da ihnen zum einen durch Entzug der Arbeitserlaubnis die materielle Grundlage für ihren Aufenthalt entzogen wurde und zum anderen, da sie mit zwangsweiser Abschiebung bedroht wurden. Tatsache ist auch, daß die bisherigen Rückkehrer fast ausnahmslos Rückkehrer in ethnische Mehrheitsgebiete darstellen.[226] Somit steht fest, daß die Lösung aller diffizilen und unter einem humanitären Aspekt betrachteten problematischeren Fälle lediglich zeitlich verschoben wurden, dadurch daß sie zuerst der 2. Phase zugerechnet wurden und nun meistenfalls unter die diffuse und bewußt sehr unbestimmt gehaltenen Regelung der "Nachrangigkeit" fallen.[227] Eine klärende Definition der Formu-

---

[224] Es wird auf die Darstellung des Rechtsstreits zwischen der Regierung von Oberbayern und der Landeshauptstadt München in Kap III.1.6. verwiesen.

[225] tv-muenchen, Livesendung am 2.9.1997, 20-22 Uhr, "Ich stelle mich".

[226] "Ich denke, daß diejenigen, die noch eine Adresse, noch ein Haus oder noch eine Wohnung haben - wenn sie auch kaputt war -, daß die schon zurück sind oder auf dem Weg dahin (sind). Ein großer Teil hat aber nichts in Bosnien, speziell die (Bewohner der) unter serbischer Verwaltung stehenden Gebiete", Zitat Wolfgang Kurreck, Leiter des Flüchtlingsamtes der Landeshauptstadt München, tvmuenchen, 2.9.1997.

[227] An dieser Stelle machte der Leiter des Münchner Flüchtlingsamtes Wolfgang Kurreck deutlich, daß in den Beschlüssen der IMK keine Lösung für die alten und u.U. alleinstehenden Menschen, die kranken und traumatisierten Flüchtlinge enthalten sind und er sie daher als unzureichend bezeichnen muß. Aus diesem Grund verband er seine Kritik an der undifferenzierten 2-Phasen-Regelung nochmals mit der Forderung nach Einrichtung einer Härtefallkommission.

lierung "Nachrangigkeit" blieb Innenminister Beckstein während dieser Sendung schuldig - auch auf die mehrmalige Nachfrage von durch diese Regelung persönlich betroffenen bosnischen Flüchtlingen im Seniorenalter.[228] Ist dies lediglich eine begriffliche Unklarheit in einem "mit heißer Nadel gestrickten" Parteienkompromiß zwischen CDU/CSU und SPD, sozusagen eine juristische Nachlässigkeit oder ist dieser Begriff "nachrangig" nicht in Wirklichkeit als "weiche Gummiformulierung" hochwillkommen ?
Die Tatsache, daß Begriffe von so eminent wichtiger Bedeutung, nämlich "Freiwilligkeit" und "nachrangig", die inhaltlich so wenig konkretisiert sind zugleich die Diskussion bestimmen, gilt es an dieser Stelle festzuhalten.
Von einem Zuschauer auf das Problem hingewiesen, daß sich der Familienstand anstelle des Herkunftsortes als Rückkehrkriterium in der Praxis als wenig sinnvoll und hilfreich erwiesen hat[229], und im Ergebnis dadurch von der BRD aus die Politik der ethnischen Säuberungen unterstützt wird, indem Menschen unter Druck dazu veranlasst werden, sich in den "falschen", weil ethnisch "reinen" Gebieten anzusiedeln[230], räumte Innenminister Beckstein zwar schwierige infrastrukturelle und eigentumsrechtliche Probleme in Bosnien und große innerbosnische Flüchtlingsströme ein, bestritt zugleich aber jede Verantwortlichkeit der bayerischen oder bundesdeutschen Behörden, was die Regelung dieser Probleme anbelangt. Somit weicht er der ursprünglichen Frage aus und leugnet zudem die nicht unerhebliche Verantwortung auch der Bundesregierung als Mitglied der Kontaktgruppe für Bosnien, durch die von ihr betriebene Politik zumindest nicht einer Destabilisierung der Verhältnisse im derzeitigen Staat Bosnien-Herzegowina zuzuarbeiten.[231] Dieser Punkt eignet sich um aufzuzeigen, auf welche Weise die derzeitige Politik der bayerischen Staatsregierung hier mit zweierlei Maß mißt. Ist es im konkreten

---

[228] Die Diskussion um die juristische Interpretation des Begriffes "nachrangig" hätte, gemessen an seiner Bedeutung für die Phaseneinteilung der Flüchtlingsrückkehr, sorgfältiger stattfinden müssen. So jedenfalls, wie sich die Situation derzeit gestaltet, bleibt der Beliebigkeit der Interpretation Tür und Tor geöffnet. Dies dient nicht der materiellen Gerechtigkeit im Sinne einer Gleichbehandlung aller Bürgerkriegsflüchtlinge durch die verschiedenen Ausländerbehörden. Vgl. Interview mit R. Brettmeister vom 17.11.1997.

[229] Vgl. auch Mappes-Niediek, Norbert, "Rückkehrrecht, Rückkehrpflicht?", Blätter für deutsche und internationale Politik, Bd. 41/11 (1996), S. 1299-1304.

[230] Vereinzelt haben kommunale Ausländerbehörden dies erkannt und sind von der Praxis der Anwendung des Kriteriums „Familienstand" abgekommen, so z.B. in Aalen/Württ.. Vgl. die Städteumfrage des Münchner Flüchtlingsamtes "Rückkehr bosnischer Flüchtlinge aus Deutschland",vom Oktober 1997, S. 9.

[231] Vgl. die Argumentation des Verwaltungsgerichtes Berlin in seinem Beschluß vom 22.1.1996 - VG 35 A 1608/95, abgedruckt in: InfAuslR 5/96, S. 188 ff.

Fall für die bayerischen Behörden von Vorteil, so wird auf die strikte Einhaltung von bilateralen - und was die internationale Bedeutung anbelangt - zweitrangigen Verträgen wie dem Rücknahmeübereinkommen zwischen der BRD und dem Staat Bosnien-Herzegowina gepocht. Sind es jedoch die grundlegendsten Menschenrechte der bosnischen Bürgerkriegsflüchtlinge, die zur Disposition stehen - zugegebenermaßen nur mittelbar durch die bayerische Politik - so wird leichtfertig eine Mißachtung dieser Fundamentalnormen in Kauf genommen. Diese Politik hat einzig die Verschiebung von Verantwortung zum Ziel, bis sie irgendwo zwischen der Internationalen Staatengemeinschaft, der Bundesrepublik Deutschland und Bosnien-Herzegowina abhanden gerät.
Das wahre Motiv der bayerischen Politik enthielt Minister Beckstein ehrlicherweise auch in dieser Fernsehsendung der Öffentlichkeit nicht vor, indem er den Kostenfaktor "Flüchtling" und seine Belastung, die er im Rahmen der Sozialhilfe, der Renten und der Krankenkassen für die bundesdeutsche Gesellschaft darstellt, in die Diskussion einführte. Pauschal und undifferenziert als Argument angeführt, wirkt diese Rede von der finanziellen Überlastung durch die Bürgerkriegsflüchtlinge populistisch. Im Falle der bosnischen Bürgerkriegsflüchtlinge ist Fakt, daß z.B. von den in der Landeshauptstadt München untergekommenen Flüchtlingen deutlich weniger als ein Drittel in den Jahren 1992-97 staatliche Unterstützung benötigte.[232]
Fragwürdig, weil rechtlich sehr unsicher und irreführend, wurden die Äußerungen des Innenministers dann, wenn er die Duldungs-Verweigerung und ersatzweise Ausgabe von Grenzübertrittsbescheinigung durch z.B. die Münchner Ausländerbehörde verteidigte. Der Innenministers hielt es für richtig, zum jetzigen Zeitpunkt keine Duldungen mehr auszustellen, da sich sonst Nachfristen ergeben, die die Möglichkeiten einschränken, die Flüchtlinge sofort zur Rückkehr bewegen zu können. Daher sei es notwendig, "(...) im Wege der Grenzübertrittsbescheinigung dafür zu sorgen, damit sich diese Menschen rechtmäßig hier aufhalten."[233]
Daß die Erteilung von Grenzübertrittsbescheinigungen jedoch kein im deutschen Ausländerrecht vorgesehener Aufenthaltsstatus ist, dürfte dem Juristen Beckstein kaum entgangen sein, ebensowenig, wie die

---

232 Vgl. hierzu "Bericht des Flüchtlingsamtes der Landeshauptstadt München", März 1997, S. 20.

233 Zitat Innenminister G. Beckstein, tv-münchen, 2.9.1997, "Ich stelle mich", 20-22 Uhr.

verwaltungsgerichtliche Kritik, die an dieser behördlichen Vorgehensweise geübt wurde.[234]
Somit wird den Bürgerkriegsflüchtlingen, nachdem ihnen zuvor schon vielfach die materielle Lebensgrundlage genommen wurde[235], zusätzlich die rechtliche Grundlage entzogen und es muß zwangsläufig der Verdacht aufkommen, daß hier Menschen bewußt in einer ausländerrechtlichen Illegalität gehalten werden sollen, um über eine nahezu rechtlose menschliche Masse zu verfügen.
Als letztes Beispiel für eine die Öffentlichkeit täuschende Politik sei die von Innenminister Beckstein gegebene Antwort auf eine im Verlauf der Sendung gestellte telephonische Anfrage angeführt. Auf die Frage nach der Möglichkeit seine 1995 begonnene Ausbildung auch im Jahre 1998 hier in Bayern beenden zu können, antwortete der Minister schlicht, wer in seiner Ausbildung soweit fortgeschritten sei, daß er sie 1998 tatsächlich beenden könne, dürfe bleiben. Somit sollte in der Öffentlichkeit der Eindruck erweckt werden, daß in Bayern bosnische Studenten, Schüler und Auszubildenden, die z.T. kurz vor dem Ende ihrer Ausbildung stehen, keinesfalls in großer Anzahl abgeschoben oder zur Ausreise gezwungen werden.
Dies ist jedoch die Realität der Politik des Landes Bayern wenn man betrachtet, unter welchen strikten Bedingungen nur der weitere Aufenthalt von Schülern und Auszubildenden bis maximal Juni 1998 toleriert werden soll.[236] Ebendiese rigiden Auflagen machen deutlich, daß es sich hierbei nur um Ausnahmenfälle handeln soll und keineswegs um eine generelle Regelung. Das beweist auch die Praxis der Regierung von Oberbayern, die diese Linie bis zum heutigen Tag weiterverfolgt.[237]

Die vielen deutlich gewordenen Ungereimtheiten und Unklarheiten im Zusammenhang mit den von Innenminister Beckstein vorgetragenen

---

[234] S. die Entscheidung der 8. Kammer des Verwaltungsgerichtes München vom August 1997, Aktenzeichen M 8 K 97.3204. Heinhold, Hubert/Pro Asyl (Hrsg.), "Recht für Flüchtlinge", S. 99/100.

[235] Damit ist gemeint, daß sie sich durch den Entzug der Arbeitserlaubnis vielfach zum Bezug von staatlicher Unterstützung gedrängt sahen, womit sie zur ersten Gruppe der durch Abschiebung bedrohten Flüchtlinge gehören.

[236] Die Bedingungen, welche z.B. nicht volljährige Schüler in Bayern erfüllen müssen, um eine Duldung bis Juni 1998 zu erhalten sind folgende: a.) Trennung von ihrer Familie, b.) es muß ein Erziehungs- bzw. Sorgeberechtigter für sie gefunden werden und c.) es dürfen keinerlei Kosten für die BRD anfallen, vgl. Widerspruchsbescheid der Regierung von Oberbayern vom 20.11.1997 bzgl. der Versagung des weiteren Aufenthalts und der Abschiebeandrohung gegenüber einer bosnischen Realschülerin.

[237] Vgl. ebenda.

Darstellungen legen die Vermutung nahe, daß es von offizieller Seite zur obersten Prämisse gemacht wurde, die faktische Lage in Bosnien und auch die Situation der hier in Deutschland lebenden Flüchtlinge zu beschönigen, bishin zur massiven und die Realität verzerrenden Verharmlosung der bestehenden Probleme.
Der Grund für eine derartige politische Vorgehensweise kann darin liegen, auf diese Weise den Druck auf die bosnischen Kriegsflüchtlinge aufrechtzuerhalten und gegebenenfalls zu erhöhen. Im übrigen wird von Innenminister Beckstein nicht bestritten, daß die Ausübung von Druck und Zwang Ziel seiner Politik darstellt.[238] Dies wiederum ist die Grundlage für den UNHCR, in solchen Fällen von "gezwungener Freiwilligkeit"[239] zu reden, einer Vorgehensweise, von der sich der UNHCR in der Vergangenheit vielfach und klar distanziert hat.
Hier offenbart sich hinsichtlich der „Problematik der bosnischen Kriegsflüchtinge“ ein Konflikt zwischen der bayerischen respektive bundesdeutschen Flüchtlingspolitik und dem völkerrechtlich verankerten Institut des Hohen Flüchtlingskommissars der Vereinten Nationen und seiner Satzung[240], dessen Auflösung noch aussteht und in deren Verlauf sich eine grundsätzliche Diskussion über die humanitären Standards bei der Aufnahme von Flüchtlingen und die Intensität der Bindung der BRD an menschenrechtliche Normen entwickeln könnte.

---

[238] Vgl. „Grüne sprechen von ‚Psychoterror‘ “, SZ am 3.12.1997, S. 57 und „Klarmachen, daß es ernst ist“ – Zur Sache, Günther Beckstein, Innenminister, SZ am 28.4.1997, S. 41. Den Druck auf die Flüchtlinge zu erhöhen, um ihre Motivation zur Rückkehr zu steigern - dieses Methodik als Grundlage seiner Politik räumte Innenminister Beckstein regelmäßig und freimütig ein, zuletzt auch in der oben besprochenen und zitierten Fernsehsendung vom 2.9.1997.

[239] Die Rückkehrer erhalten eine Aufforderung, das Zufluchtsland innerhalb eines bestimmten Zeitraumes zu verlassen, verbunden mit der Androhung der Abschiebung, wenn sie nicht innerhalb der Frist ausreisen (sogenannte gezwungene freiwillige Rückkehr). Vgl. UNHCR (Hrsg.), Bosnia and Herzegovina Repatriation and Return Operation 1997, Humanitarian Issues Working Group (HIWG) 1997/2, Rn. 10.

[240] Office of the UNHCR: Handbook on Procedures and Criteria for Determining Refugee Status under the 1951 Convention and the 1967 Protocol Relating to the Status of Refugees, Genf 1979. Die Rückkehr von Flüchtlingen in ihr Heimatland betreffend steht dort zu lesen: "It is frequently recognized that a person who - or whose family - has suffered under atrocious forms of persecution should not be expected to repatriate. Even though there may have been a change of régime in his country, this may not always produce a complete change in the attitude of the population, nor, in view of his past experiences, in the mind of the refugee.", UNHCR-Handbook, § 136, S. 31.

III. KAPITEL

DIE STADT MÜNCHEN: KOMMUNALE HANDLUNGSSPIELRÄUME IM RAHMEN DER INTERNATIONALEN UND NATIONALEN FLÜCHTLINGSPOLITIK AM BESONDEREN BEISPIEL DES FLÜCHTLINGSAMTES

Mit dem am 2.12.1993 durch den Stadtrat der Landeshauptstadt München erfolgten Beschluß bezüglich der Einrichtung eines kommunalen Amtes für Flüchtlinge, wurde die umfangreiche institutionelle Ausstattung des ausländer- und flüchtlingspolitischen Bereiches der Stadt München nochmals erweitert. Neben den Ausländerbeirat, die Beauftragte für Ausländerfragen, einen "Runden Tisch" zur Flüchtlingsproblematik, den Münchner Flüchtlingsrat und den Ombudsmann für Ausländerinnen und Ausländer trat nun das Münchner Flüchtlingsamt, welches bis zum Moment der Ausreise oder Abschiebung für die Betreuung von Flüchtlingen und Asylbewerbern zuständig sein sollte. Durch diese Vielfalt an Betreuungs- und Beratungsangeboten hebt sich die Stadt München deutlich von anderen vergleichbaren deutschen Großstädten ab[241] und könnte eine Vorreiterrolle bei der Entwicklung zukünftiger Strategien im Umgang mit Flüchtlings- und Asylfragen einnehmen.[242]

---

[241] Keinesfalls soll dies zugleich als Aussage bzgl. der Qualität der von anderen Kommunen auf dem Gebiet der Flüchtlingsbetreuung und -politik geleisteten Arbeit verstanden werden. Vielfach werden dort unter anderer Zuständigkeit vergleichbare oder bessere Leistungen erbracht. Als ein Beispiel dafür kann die Behandlung von Flüchtlingen im Bereich der Landeshauptstadt Stuttgart angeführt werden. Vgl. Interview-Aussagen von W. Kurreck, Leiter des Münchner Flüchtlingsamtes und R. Brettmeister, Ombudsmann der Stadt München für Ausländerinnen und Ausländer, die dem Autor vorliegen.

[242] Diese Vorreiterrolle wurde zuletzt deutlich, als der Bosnienbeauftragte der Bundesregierung, Bundesminister a.D. Dietmar Schlee, anläßlich eines am 8.12.1997 in Bonn stattfindenden Treffens kommunaler Spitzenverbände die unter der Federführung des Flüchtlingsamtes der Stadt München bundesweit durchgeführte Städte-Umfrage zur aktuellen Situation der bosnischen Bürgerkriegsflüchtlinge als beispielhaft hervorhob. Diesen Eindruck der Vorreiterfunktion zu verstärken, kann als das erklärte Ziel verschiedener Gruppierungen und Parteien in München angesehen werden, die im Zusammenhang der Flüchtlingsbetreuung von einem "Münchner Weg" in der Betreuung und Behandlung von Bürgerkriegsflüchtlingen sprechen. Vgl. Stadtratsantrag Nr. 177 von Bündnis90/DIE GRÜNEN "Erarbeitung

Als Hinweise dafür, daß die Landeshauptstadt München hinsichtlich der humanen Behandlung und Betreuung von Flüchtlingen unter den deutschen Großstädten eine exponierte Position einnimmt, können neben dieser institutionellen Ausstattung zudem die Tatsachen gelten, daß a.) in München nach einer bayernspezifischen Finanzierungsregelung unter Miteinbeziehung der Bezirke abgerechnet wird wodurch u.U. mehr Spielraum für die Kommunen gegeben ist, b.) dem Münchner Stadtrat zunächst ein größerer politischer Wille, was die Gestaltung einer humanen Ausländer- und Flüchtlingspolitik anbelangt, unterstellt werden darf[243] und c.) hinzukommt, daß lediglich ein Drittel der in München untergekommenen bosnischen Bürgerkriegsflüchtlinge zugleich Sozialhilfeempfänger sind[244], was eine zusätzliche Kostenentlastung darstellt.
Diese unterschiedlichen Ausgangsbedingungen und die daraus resultierenden divergierenden Interessenslagen der deutschen Kommunen könnten auch eine erste Erklärung dafür sein, daß sich innerhalb des Deutschen Städtetages keine Arbeitsgruppe oder ein dementsprechender Zusammenschluß deutscher Städte finden läßt, der es sich zum Ziel gemacht hat, im Bereich Flüchtlingspolitik eine Lobbyarbeit zu betreiben.[245]
Ob unabhängig davon der von verschiedener Seite offensiv vertretene Anspruch der Landeshauptstadt München, auf eine erkennbar eigenständige Linie innerhalb der Flüchtlingsbetreuung - und somit auch auf eine kommunale Flüchtlingspolitik - inhaltlich haltbar ist und inwieweit sich dieses Experiment als erfolgreich bezeichnen läßt, soll Thema und Leitfrage dieses Kapitels sein.

---

eines Münchner Weges für die Rückführung der Bosnischen Flüchtlinge" vom 18.9.1996.

[243] Dies geschieht unter Verweis auf die genannte weitreichende institutionelle Ausstattung der Stadt München und im Vorgriff auf die weiteren noch darzustellenden Initiativen und Beschlüsse des Münchner Stadtrates.

[244] Vgl. hierzu auch die Ausführungen unter III.2.4. "Ökonomische Aspekte der kommunalen Flüchtlingspolitik Münchens".

[245] Vgl. Deutscher Städtetag (Hrsg.), „Geschäftsbericht'97", Köln Juni 1997, S. 87 und zusätzlich telephonische Auskünfte sowohl vom Deutschen als auch Bayerischen Städtetag.

III.1. Konkretisierung und Darstellung des "kommunalen Handlungsspielraumes"

III.1.1. Der Einfluß völkerrechtlicher Bestimmungen auf kommunaler Ebene

Eine bundesdeutsche Kommune ist nach der Systematik des bestehenden Rechtssystems an völkerrechtliche Bestimmungen gebunden, insofern diese gemäß der jeweiligen nationalen Rechtsprechung in geltendes bundesdeutsches Recht überführt wurden oder es sich bei ihnen um Völkergewohnheitsrecht handelt.[246] Zudem kann in der jüngsten Zeit eine Tendenz ausgemacht werden, in Konferenzbeschlüssen auch explizit die Verantwortung der Städte zu erwähnen, so geschehen in der Agenda 21, dem umfangreichsten Teil der UN-Konferenz über Umwelt und Entwicklung (UNCED), der im Juni 1992 von über 170 Staaten - darunter auch die BRD - unterzeichnet wurde.[247] In Kapitel 28 der Agenda 21, das ausschließlich den Kommunen gewidmet ist, wird deren Bedeutung als Politik- und Verwaltungsebene, die den Bürgern am nächsten ist, bei der Umsetzung der in der Agenda genannten Ziele hervorgehoben.[248] Wenngleich die Tatsache, daß Städte bei der Umsetzung internationaler Abkommen in die Verantwortung miteinbezogen werden, mehr symbolischer Art ist, so ist dies doch zugleich ein Indikator dafür, daß die inhaltliche Umsetzung dieser Beschlüsse im konkreten Fall des Beitrags und der konstruktiven Mitarbeit der Kommunen bedürfen.

Soll nun das Ausmaß der Bindung untersucht werden, welches die BRD durch den Vertrag von Dayton erfährt, so muß zunächst festgehalten werden, daß im Falle des Friedensabkommens von Dayton eine direkte völkerrechtliche Bindung der Bundesrepublik Deutschland gemäß Art. 24

---

[246] Nach herrschender Meinung, im übrigen auch des Bundesverfassungsgerichts, zählt zu den in den innerstaatlichen Bereich übernommenen Regeln generell das Völkergewohnheitsrecht, nicht lediglich *ius cogens* – eine Ansicht, die auch in Übereinstimmung mit dem Wortlaut von Art. 25 GG ("allgemeine Regeln") steht. Vgl. BverfGE 15, S. 34; BverfGE 16, S. 33.

[247] Die Agenda 21 kann als politisches Aktionsprogramm zur Umsetzung der Rio-Deklaration angesehen werden. Sie enthält sehr vielfältige und detaillierte Handlungsanweisungen an die einzelnen Staaten. Obschon es sich der Form nach um einen außerrechtlichen Text handelt, bedeutet dies dennoch nicht, daß dieser keinen rechtlichen Inhalt haben kann. Vgl. hierzu: Rest, Alfred, "Die rechtliche Umsetzung der Rio-Vorgaben in der Staatenpraxis", Archiv des Völkerrechts, Band 34/2, Juni 1996, S. 145-167.

[248] Abgedruckt findet sich der Agenda 21 - Text u.a. in: "Bericht der Bundesregierung über die Konferenz der Vereinten Nationen für Umwelt und Entwicklung im Juni 1992 in Rio de Janeiro", Bonn, 1992.

Abs.1 GG nicht bejaht werden kann, da die Bundesrepublik keine Vertragspartei darstellt, sondern der deutsche Bundeskanzler Helmut Kohl dieses Abkommen nur als Zeuge unterzeichnet hat und zudem kein spezielles Übertragungsgesetz verabschiedet wurde. Auch folgt aus Art. 25 Satz 1 GG keine völkerrechtliche Bindung, da das Völkerrechts-Vertragsrecht nicht zu den allgemeinen Regeln des Völkerrechts gehört.[249] Zu den anerkannten allgemeinen Regeln des Völkerrechts gehört jedoch der Grundsatz von Treu und Glauben, der als allgemeiner Rechtsgrundsatz auch zu einer völkerrechtlichen Bindung führen kann.[250] Zwar ist auch hier für eine eindeutige völkerrechtliche Bindung von Bedeutung, daß die BRD nicht direkter Vertragspartner des Abkommens ist; gleichwohl ist es nicht zu verstehen, daß die dort unter maßgeblicher Mitarbeit der Bundesrepublik getroffenen Vereinbarungen und Reglementierungen durch bundesdeutsche Behörden gefährdet werden.[251]
Die Ansicht, daß auch für die BRD in gewisser Weise eine Bindung an die Bestimmungen und Inhalte des Friedensabkommens von Dayton besteht, erfährt Unterstützung durch den Text des sogenannten Rückübernahmeabkommens, welches am 20.11.1996 zwischen der Regierung von Bosnien und Herzegowina und der Bundesregierung geschlossen wurde. Dort wird nochmals ausdrücklich in Artikel 5 Abs. 1 Punkt 1 das Recht der Flüchtlinge auf Rückkehr an ihren Heimatort erwähnt, wobei die Rechtsposition des einzelnen Flüchtlings nicht geschwächt wird, dadurch daß im nächsten Satz die Verantwortung der bosnischen Flüchtlingsbehörden hierfür betont wird. Die Betrachtung von Artikel 5 Absatz 1 Punkt 3 des Rückübernahmeabkommens[252] im Lichte der Vereinbarungen von Dayton läßt jedenfalls eine Rücksichtsnahme der BRD auf die Bestimmungen des Friedensabkommens geboten erscheinen.
Bei der Analyse der unterschiedlichen und z.T. sehr voneinander divergierenden bundesrepublikanischen Behörden- und Verwaltungspraxis in Bezug auf die bosnischen Kriegsflüchtlinge stellt sich die Frage, inwieweit auch die kommunalen Ausländerbehörden in ihrer Tätigkeit Gefahr

[249] Vgl. hierzu die allgemeine Auffassung des BVerfGerichts, BVerfGE 6, 309, 363; Beschluß vom 17. Dezember 1975, E 41, 88, 120.

[250] Alternativ-Kommentar zum Grundgesetz (AKGG), Art. 25, Rdnr. 17, 45, und Seidl-Hohenveldern, Ignaz, "Völkerrecht", Köln, München, 1997, S. 261 ff.

[251] Vgl. das zum Zeitpunkt der Erstellung dieser Arbeit wieder aufgehobene Urteil des Verwaltungsgerichtes Berlin, Beschluß vom 22.1.1996 - VG 35 A 1608/95 abgedruckt in InfAuslR 5/96, S. 188 ff., hier: S. 192.

[252] "Die Rückführung der ehemaligen Kriegsflüchtlinge erfolgt phasenweise, in Erörterung und in enger Zusammenarbeit der Vertragsparteien bei der Feststellung der Dynamik der Durchführung, *unter Berücksichtigung der tatsächlichen Entwicklung in Bosnien und Herzegowina.*", (Hervorhebungen durch den Verfasser).

laufen, völkerrechtswidrig zu handeln, indem sie dem Sinn und Zweck einzelner Teile unter großer internationaler Beteiligung - inklusive der eigenen Regierung - zustandegekommener Verträge zuwiderhandeln ?
Nach Auffassung des Berliner Verwaltungsgerichtes jedenfalls wurde durch den Vertrag von Dayton sogenanntes "soft law" geschaffen[253], dessen Berücksichtigungsfähigkeit von einigen Gerichten inzwischen sowohl im Bereich des Zivilrechts als auch in der Verwaltungsgerichtsbarkeit anerkannt wird.[254] Dadurch ergibt sich jedenfalls im Bereich der Ermessensentscheidung, der Ansicht des Berliner Verwaltungsgerichtes zufolge, durch die gebotene Berücksichtigung des Vertrages von Dayton eine Ermessensreduzierung. Dies kann konsequenterweise nicht ohne Folgen für die Aufgabenerfüllung der kommunalen Behörden bleiben, welche auf diese Weise zur Beachtung der Inhalte dieses völkerrechtlichen Vertrages verpflichtet wären.
Fraglich bleibt, ob und in welcher Weise sich die Landeshauptstadt München dagegen verwahren könnte, durch die Politik der IMK in ihrer speziellen Auslegung durch bayerische Behörden und den daraus resultierenden gegebenenfalls völkerrechtswidrigen Erlassen Gefahr zu laufen, in bedenklichem Maße gegen Inhalte des Daytoner Friedensvertrages und die Ziele des UNHCR zu verstoßen und dadurch zum Bruch internationalen Rechtes beizutragen.[255] Der Frage nach den Prüfungskompetenzen der Ausländerbehörden, auf die im Verlauf des Kapitels noch näher eingegangen werden soll, kommt hier eine erhebliche Bedeutung zu.[256]

[253] Vgl. Kap I. 2.

[254] Vgl. VG Berlin, Beschluß vom 22.1.1996, InfAuslR 5/96, S. 193.

[255] Vgl. den vorsichtigen Versuch des Münchner Oberbürgermeisters Ude, für den Bereich des Münchner Kreisverwaltungsreferates einen Abschiebestopp für Muslime und Kroaten aus der Republika Srpska zu erreichen. Vgl. SZ am 21./22.6.1997. Desweiteren verweist der Brief des Münchner Oberbürgermeisters an den bayerischen Innenminister, die Einrichtung einer Härtefallkommission betreffend, um in München eine Modifizierung der von der IMK beschlossenen Phasenregelung durchzusetzen, in dieselbe Richtung. Vgl. Schreiben des Münchner OBs Christian Ude an den bayerischen Innenminister Beckstein datiert vom 12.11.1997.

[256] Vgl. Hofmann, Rainer, M./Schreiber, Ulrich, "Rechtliche Verpflichtungen und Möglichkeiten der Ausländerbehörde, von der Abschiebung eines Ausländers Abstand zu nehmen", Gutachten, Düren, Februar 1997.

III.1.2. Rechtliche Kompetenzverteilung zwischen Bund, Land und Kommune im Bereich der Flüchtlingspolitik

III.1.2.1. Frage der Definition von "kommunaler Flüchtlingspolitik"

Im nachfolgenden Abschnitt soll nun gezeigt werden, wie stark und auf welche Weise die Festlegung der rechtlichen Zuständigkeiten auf dem Gebiet der Flüchtlingspolitik von der Definition des Begriffes "Flüchtlingspolitik" abhängt. Wird eine enger Begriff gewählt, welcher durch Betonung eines sicherheits- und ordnungspolitischen Aspektes unter "Flüchtlingspolitik" im wesentlichen die Aufrechterhaltung der öffentlichen Sicherheit und Ordnung versteht, so wird am Ende ein anderes Ergebnis stehen, als wenn dem Ganzen ein Begriff zugrundegelegt wird, der die humanitären Aspekte der Flüchtlingsaufnahme mitberücksichtigt und damit den Versuch unternimmt, neben den ausländerrechtlichen Implikationen auch die soziale Dimension des komplexen Themas "Flüchtlingsproblematik" mitzubedenken. Während ersterem durch den bloßen rechtsstaatlich korrekten Vollzug des Ausländerrechtes Genüge getan ist, erfordert der zweite Ansatz ein weitreichenderes und umfassenderes Engagement der kommunalen Behörden. Daß sich diese "soziale Dimension" im Falle der Stadt München im Zusammenhang mit den bosnischen Bürgerkriegsflüchtlingen kaum verdrängen läßt, dürfte dadurch, daß innerhalb eines kurzen Zeitraumes die Einwohnerzahl Münchens allein durch diese spezielle Gruppe von Flüchtlingen um knapp 2 % stieg, unbestritten sein.[257] Dies um so mehr, wenn man bedenkt, daß sich unter dieser großen Personenzahl auch ein beträchtlicher Anteil bedürftiger Menschen[258] befindet, für dessen Unterbringung die Kommune im übrigen gemäß Art. 6 LStVG[259] zuständig ist, d.h. daß jene, die sich im Rechtsstatus der Obdachlosigkeit[260] befinden und die, um Störungen der öffentlichen Sicherheit und Ordnung zu verhindern, von der Kommune

[257] Die aktuelle Einwohnerzahl Münchens beträgt etwas über 1,3 Mio Einwohner, d.h. 22-25 000 Bürgerkriegsflüchtlinge machen ungefähr einen Anteil von 1,8-1,9 % der Gesamtbevölkerung aus.

[258] "Bedürftig" wird in diesem Zusammenhang in mehrfacher Hinsicht verstanden, nämlich materiell, psychologisch und physisch.

[259] Vgl. Landesstraf- und Verordnungsgesetz (LStVG). Unter Art. 6 LStVG "Kommune als Sicherheitsbehörde" sind u.a. die Bestimmungen für die Obdachlosenunterbringung durch die Kommunen geregelt. Hier fallen Bürgerkriegsflüchtlinge nach geltendem bundesdeutschen Recht unter die Kategorie „obdachlose Menschen".

[260] Die Obdachlosenunterbringung ist eine Aufgabe des eigenen Wirkungskreises der Gemeinden; örtlich zuständig ist die Gemeinde, in der die Obdachlosigkeit auftritt (VGH, BayVBl 1963, 122).

untergebracht und versorgt werden müssen.[261] Diese Bestimmung ist insofern von Interesse, ordnet sie doch die Zuständigkeit der Kommunen für die Unterbringung von Bürgerkriegsflüchtlingen an und zwar mit der Argumentation, "diese Personen hielten sich nicht nur vorübergehend auf dem Gemeindegebiet auf und es käme dadurch zu einer Niederlassung, welche den notwendigen örtlichen Bezug begründete"[262]. Neben der Vorgabe, in der Kommune seinen Wohnsitz haben zu müssen, stellen die Kommunalgesetze an den Begriff des Einwohners keine besonderen Anforderungen[263]; im übrigen wird der Status der Bürgerkriegsflüchtlinge als Einwohner der jeweiligen Stadt auch durch ein Urteil des Bundesverwaltungsgerichts bestätigt.[264]

III.1.2.2. Die Rechtsgrundlagen in Grundgesetz, Länderverfassung und Gemeindeordnung

Die rechtliche Basis für eine Kompetenzverteilung zwischen Bund, Land und Kommune auf dem Gebiet der Flüchtlingspolitik findet sich im Fall der Landeshauptstadt München in den Art. 28/2 GG, Art.11/2, 11/3, 11/4 und Art. 83/1 und 83/4 BV und in den Artikeln 7, 8 und 57, 58 BayGO, die nun im einzelnen kurz skizziert werden sollen.
Das Grundgesetz spricht den Gemeinden in Art. 28 Abs. 2 neben der Zuständigkeit für alle Angelegenheiten der örtlichen Gemeinschaft auch das Selbstverwaltungsrecht zu. Hierzu gehört alles, was sich aus dem geschichtlich gewachsenen Gesamtbild der kommunalen Selbstverwaltung ergibt.[265] Diese aus Art. 28 Abs. 2 abgeleitete sogenannte "Freiheitsvermutung" hat zudem folgende Bedeutung: sofern und soweit keine Vorschriften über die Art und Weise der Aufgabenerfüllung bestehen,

---

[261] Vgl. Prandl, Josef/Zimmermann, Hans, "Kommunalrecht in Bayern", München 1989, S. 31/32.

[262] Prandl/Zimmermann, "Kommunalrecht in Bayern", S. 31/32. Zur Pflicht der Gemeinden, Flüchtlinge aus dem ehemaligen Jugoslawien unterzubringen, die keinen Asylantrag gestellt haben, s. auch IMS vom 27.12.1991 Nr. I B 1 - 3002 - 14/83 (83) in FSt 1992 RdNr. 189.

[263] Vgl. Glauben, Paul J., "Die Unterbringung von Flüchtlingen als Pflichtaufgabe der kommunalen Selbstverwaltung", Die Öffentliche Verwaltung, Heft 19, 1994, S. 823.

[264] Vgl. BVerwG, Beschluß vom 24.2.1993, NVwZ 1993, S. 786, 787.

[265] Gemeinhin umfaßt die "kommunale Selbstverwaltung" folgende Bereiche: Autonome Rechtsetzung, Verwaltungshoheit, Organisationshoheit, Finanz- und Personalhoheit. Vgl. hierzu v. Unruh, Georg-Christoph, „Kommunale Selbstverwaltung – Ein Recht im Wandel von Staat und Gesellschaft, Stadt und Gemeinde", 1995, SS. 19ff und Madejczyk, Otto, „Das Selbstverwaltungsrecht der bayerischen kreisangehörigen Gemeinden", München, 1995, S. 39 ff.

entscheidet die Gemeinde in eigener Regelungsverantwortung über das "Ob" und das "Wie" der Aufgabenerfüllung. Dazu kann sie sich ihrer Satzungshoheit bedienen und das Institut des Verwaltungsermessens nutzen.[266] Das Institut der Allzuständigkeit, worunter die gesetzliche Vermutung zugunsten der Zuständigkeit der Gemeinden zu verstehen ist, ist den Gemeinden garantiert.[267] Dies bedeutet, daß der zuständigkeitsverteilende Gesetzgeber den Gemeinden eine Aufgabe mit relevantem örtlichen Charakter nur aus Gründen des Gemeininteresses, d.h. nur dann entziehen kann, wenn anders die ordnungsgemäße Aufgabenerfüllung nicht sicherzustellen wäre.[268]
Bemerkenswert ist an dieser Stelle, daß im Gegensatz zum Grundgesetz, welches in seinem Modell des zweigliedrigen föderalistischen Staatsaufbaus mit der Ebene des Bundes und der Länderebene die Kommunen nicht gesondert berücksichtigt[269], die Bayerische Verfassung die Gemeinden in Art. 11 Abs. 4 ausdrücklich als Fundament des Staates bezeichnet und dadurch den Kommunen als dritte Ebene in der föderalistischen Ordnung der BRD eine besondere Verantwortung zukommen läßt.[270] Die für das weitere Verständnis sehr wichtige Unterscheidung der kommunalen Aktivitäten in eigene und übertragene Angelegenheiten hat historische Wurzeln und fand ihren Niederschlag in Artikel 11 Abs. 2 und 3 und Artikel 83 Abs. 1 und 4 BV.

Der eigene Wirkungskreis der Gemeinden wird in Übereinstimmung mit Art. 7 und 57 BayGO definiert. Der Umfang des kommunalen Betätigungsfeldes wird durch Art. 7 BayGO bestimmt, wo festgehalten ist, daß "der eigene Wirkungskreis der Gemeinden alle Angelegenheiten der örtlichen Gemeinschaft umfaßt"[271]. Die Weite und Unbestimmtheit des Auf-

---

[266] Vgl. Schmidt-Eichstaedt,Gerd,"Die Kommunen zwischen Autonomie und (Über-) Regelung durch Bundes- und Landesrecht sowie durch EG-Normen", in: Roland Roth/Hellmut Wollmann (Hrsg.), Kommunalpolitik - Politisches Handeln in den Gemeinden, Bonn 1993, S. 104.

[267] Vgl. Masson/Samper, "Bayerische Kommunalgesetze", Kommentar, München 1993, S. 63/64.

[268] Vgl. Schmid-Eichstaedt,Gerd, "Die Kommunen zwischen...", Bonn 1993, S. 104.

[269] "Die Gemeinden als sogenannte dritte Ebene des Staates, wie dies oftmals von Gemeindevertretern gewünscht wird, gibt es demnach nicht". Madejczyk, Otto, "Das Selbstverwaltungsrecht der bayerischen kreisangehörigen Gemeinden", München 1995, S.39.

[270] Indem Art. 11 Absatz 4 Bayer. Verf. feststellt, "daß die Selbstverwaltung der Gemeinden dem Aufbau der Demokratie von unten nach oben dient", kommt die eminent politische Bedeutung dieses Konzeptes zum Ausdruck.

[271] Zum Aspekt des "Bezugs zur örtlichen Gemeinschaft" betrachte auch Kap III.1.3. "Flüchtlingspolitik als 'Angelegenheit der örtlichen Gemeinschaft' ?".

gabenfeldes "Angelegenheiten der örtlichen Gemeinschaft" bleibt auch unter Miteinbeziehung von Art. 57 BayGO und Art. 83 BV bestehen, gibt doch der in Art. 7 BayGO gegebene Verweis auf Art. 83 Absatz 1 BV keine sicheren Anhaltspunkte für die weitere Abgrenzung des Begriffes. Vor allem stellt der in Art. 83/1 BV enthaltene Katalog von Gemeindeaufgaben keine abschließende Aufzählung der Aufgaben des eigenen Wirkungskreises dar ("insbesondere").[272] Zudem bedarf auch der Begriff des Örtlichen der Interpretation. Der renommierte Kommunalrechtsexperte Knemeyer vertritt die Meinung, daß durch die "Ausstrahlung in den überörtlichen Bereich eine Aufgabe deshalb noch nicht zur überörtlichen selbst wird"[273]. Und weiter: "Es ist der Rechtswissenschaft nicht unbekannt, bei Sachverhalten, die in mehrere Bereiche hineinreichen, die Zuordnung schwerpunktmäßig vorzunehmen, also zu fragen, wo das Schwergewicht in der Aufgabenerfüllung liegt. Liegt es bei den Gemeinden, so ist die Aufgabe gemeindlich, oder nach der Gesetzesterminologie örtlich, liegt es bei den Landkreisen oder Bezirken, so ist sie überörtlich"[274]. Schwierigkeiten bei der Zuordnung bereiten insbesondere die Aufgaben, welche gemeinhin unter der Begrifflichkeit "kommunale Außenpolitik" zusammengefaßt sind.[275]
Generell gilt es festzuhalten: da zum eigenen Wirkungskreis der Gemeinden nicht nur "irgendwelche Angelegenheiten", sondern alle Angelegenheiten der örtlichen Gemeinschaft zählen, spricht solange eine Vermutung für die Kompetenz der Gemeinde, solange die Aufgabe nicht ausdrücklich gesetzlich anderen Stellen zugewiesen ist.[276]

Im Gegensatz zum eigenen Wirkungskreis umfaßt der "übertragene Wirkungskreis"[277] örtliche Aufgaben, die wegen ihrer Bedeutung für den Gesamtstaat eigentlich von diesem erfüllt werden müßten, deren Erledigung den Kommunen jedoch aus Zweckmäßigkeitsgründen übertragen ist. Die Übertragung erfolgt zunächst unmittelbar auf die Person des Oberbürgermeister, der daraufhin die Delegierung dieser Aufgaben auf die einzelnen Referate vornimmt. Dies bedeutet im Umkehrschluß, daß sich der

[272] Vgl. Masson, Christoph/Samper, Rudolf, "Bayerische Kommunalgesetze", Kommentar, München 1993, S. 64.
[273] Knemeyer, Franz-Ludwig, "Bayerisches Kommunalrecht", Stuttgart 1996, S. 118. Desweiteren: Lissack, Gernot, „Bayerisches Kommunalrecht“, München, 1997.
[274] Ebenda.
[275] Siehe dazu Heberlein, Horst Christoph, "Kommunale Außenpolitik als Rechtsproblem", Schriften zur öffentlichen Verwaltung, Band 28, Köln 1989; Ders., "Aktuelle Rechtsprobleme Kommunaler Außenpolitik", Die Verwaltung, 1993, S. 211-234.
[276] Vgl. Knemeyer, "Bayer. Kommunalrecht", S. 119.
[277] Art. 8, 58 Bayerische Gemeindeordnung.

Oberbürgermeister nicht nur jede einzelne Entscheidung seiner Referenten wieder zu seiner eigenen machen kann, sondern vielmehr, daß auch grundsätzlich eine Umverteilung einzelner Aufgabengebiete von einem Referat ins andere in der Kompetenz des Bürgermeisters liegt.[278]
Eine allgemein gehaltene Umschreibung der Aufgaben des übertragenen Wirkungskreises findet sich in Art. 58 BayGO, eine zusammenfassende und erschöpfende Einzelaufzählung dieser Aufgaben ist jedoch nicht vorhanden.[279] Nichtsdestotrotz sind gemäß Art. 6 BayGO auch die übertragenen Angelegenheiten echte Gemeindeaufgaben.[280] Im Gegensatz zu den Gemeindeaufgaben des eigenen Wirkungskreises erfordern die übertragenen Aufgaben im gesamten Staatsgebiet eine einheitliche Erfüllung, besonders nachvollziehbar wird dies im Bereich des Ausländerrechtes.
Zwar wird im Zusammenhang mit dem immer stärker ausufernden Bereich der übertragenen Aufgaben[281] in der Praxis von den Gemeinden als "staatliche Ortsinstanz" geredet, im juristischen Sinne ist dies jedoch keineswegs zutreffend. Daß der Staat im Rahmen der übertragenen Angelegenheiten zwar ein Weisungsrecht gemäß Art.109 Absatz 2 BayGO besitzt, dieses jedoch eng begrenzt ist, stellt auch der Bayerische Verwaltungsgerichtshof (BayVGH) fest und begründet dies damit, daß es sich eben auch bei den übertragenen Aufgaben um echte Kommunalaufgaben handelt.[282]
Zusammenfassend läßt sich konstatieren, daß den Kommunen - bei aller Vorregelung und Steuerung durch den Staat - auch im übertragenen Wirkungskreis überall dort wo Ermessentatbestände bestehen noch ein großer Anteil an organisatorischer und inhaltlicher Konkretisierungskompetenz verbleibt.[283]

[278] Vgl. Interview vom 17.11.1997 mit Rudolf Brettmeister, Ombudsmann der Landeshauptstadt München für Ausländerinnen und Ausländer. In weiteren Gesprächen, die der Autor mit Kommunalrechtsexperten führte, fand diese Sichtweise Zustimmung.

[279] Vgl. Masson/Samper, "Bayer. Kommunalgesetze", S. 66.

[280] "Daran ändert auch nichts die Formulierung in Art. 83/4 BV und Art. 8/1 BayGO, wonach diese übertragenen Aufgaben "namens des Staates" erledigt werden". Knemeyer, "Bayerisches Kommunalrecht", 1990, S. 124.

[281] Groben Schätzungen zufolge liegt die Zahl bei über 80 % aller Gemeindeaufgaben, vgl. dazu Schmidt-Jortzig, Edzard, "Kommunalrecht", Kiel, Rdnr. 544 m.N.

[282] BayVGH, BayVBl. 1955, S. 25, siehe dazu auch Knemeyer, "Bayer. Kommunalrecht", S. 125.

[283] Vgl. Knemeyer, "Bayer. Kommunalrecht", Rdnr. 138. "Stellte die zuständige Fachaufsichtsbehörde ihr Ermessen über die Ermessensausübung der Kommune, so wäre damit wahrscheinlich eine Verletzung des Selbstverwaltungsrechtes der Kommune gegeben.", Interview mit R. Brettmeister vom 17.11.1997.

III.1.2.3. Die Rechts- und Fachaufsicht

Unter Miteinbeziehung und Betrachtung des gesamten Staatsgefüges sind die verschiedenen Formen der Aufsicht nicht als Beschränkung der kommunalen Autonomie zu betrachten, sondern als das natürliche Gegenstück zu den den Gemeinden garantierten Rechten.[284] Sowohl das Bundesverfassungsgericht als auch der Bayerische Verfassungsgerichtshof kamen in verschiedenen Entscheidungen jedoch zu dem Ergebnis, daß aufsichtliche Maßnahmen in sehr zurückhaltendem Maße zum Einsatz kommen sollen und sich in keinem Falle zu einer "Einmischungsaufsicht" entwickeln dürfen[285]. Zudem steht jede Aufsichtsmaßnahme unter dem Grundsatz des möglichst geringen Eingriffs.[286]

Der Unterteilung in eigenen und übertragenen Wirkungskreis entsprechend ist auch die staatliche Aufsicht unterschiedlich geregelt: im eigenen Wirkungskreis unterliegen die Kommunen der Rechtsaufsicht, im übertragenen Wirkungskreis der Fachaufsicht.
Durch die Rechtsaufsicht erfolgt eine Überwachung der Erfüllung der gesetzlich festgelegten öffentlich-rechtlichen Aufgaben und der Gesetzmäßigkeit der Verwaltung. Als Aufsichtsmittel stehen der Rechtsaufsichtsbehörde das Informationsrecht, die Beanstandung, das Verlangen der Aufhebung, die Ersatzvornahme und in Ausnahmefällen die Bestellung eines Beauftragten sowie die Neuwahl des Bürgermeisters zur Verfügung.[287]

Im Unterschied dazu erstreckt sich die im übertragenen Wirkungskreis stattfindende Fachaufsicht auch auf die Handhabung des kommunalen Verwaltungsermessens, ihrem Handeln sind jedoch Schranken gesetzt.[288] Im Fall der Stadt München ist nach Art. 115 Absatz 1 Satz 1

so wäre damit wahrscheinlich eine Verletzung des Selbstverwaltungsrechtes der Kommune gegeben.", Interview mit R. Brettmeister vom 17.11.1997.

[284] Zum Thema "Staatliche Aufsicht als Korrelat des Selbstverwaltungsrechts" vgl. BVerfGE 6, 104, 118.

[285] Vgl. BverfGE 6, 104, 118; BayVBl. 1989, S. 237ff. mit Verweis auf die Rechtsprechung des BVerfG.

[286] Die Aufsichtsmaßnahmen sind verankert in Art. 55 Abs. 5 BV und werden durch Art. 83 Abs. 4 BV bekräftigt. Vgl. Knemeyer, "Bayerisches Kommunalrecht", S. 251.

[287] Vgl. die Artikel 111-114 BayGO und die entsprechenden Bestimmungen der Landkreisordnung (LKrO) und Bezirksordnung (BezO).

[288] "Maßnahmen der Fachaufsicht sind aber nach Art. 109/2 Satz 2 BayGO auf die Fälle zu beschränken, in denen das Wohl der Allgemeinheit oder berechtigte An-

BayGO die Regierung von Oberbayern die zuständige Fachaufsichtsbehörde und gemäß Art. 110 BayGO zugleich auch die Rechtsaufsichtsbehörde.
Für die Durchsetzung ihrer Rechtsauffassung steht der Fachaufsichtsbehörde ein Weisungsrecht zu, das die Befugnis umfaßt, den Kommunen Entscheidungsrichtlinien vorzugeben oder die Änderung bzw. Aufhebung kommunaler Beschlüsse zu verlangen. Ebenso können Weisungen sich darauf erstrecken, einen Rechtsstreit zu führen und Rechtsmittel einzulegen.[289]
Werden die Weisungen der Fachaufsichtsbehörde durch die Kommune nicht befolgt, so können sie nur durch die zuständige Rechtsaufsichtsbehörde und mit den ihr zur Verfügung stehenden Zwangsmitteln, wie etwa die Ersatzvornahme oder die Einsetzung eines Beauftragten durchgesetzt werden. Diese Arbeitsteilung zwischen der Rechts- und Fachaufsichtsbehörde stellt jedoch keine „Gewaltenteilung“ oder gar „Kontrollkorrektiv“ dar, da regelmäßig die Behörden die Rechtsaufsichtsbehörden sind, die auch für die Fachaufsicht mit zuständig sind.[290]
Kommt es zu einem gerichtlichen Verfahren zwischen Kommune und Aufsichtsbehörde, wird dieses gemäß § 40 VwGO und Art. 83 Abs. 5 BV vom Verwaltungsgericht entschieden.[291] In Bayern existiert zudem durch Art. 109 Absatz 2 Satz 2 BayGO insofern eine besondere Rechtslage, als die Überwachung der Zweckmäßigkeit der gemeindlichen Verwaltungstätigkeit im übertragenen Wirkungskreis beschränkt ist und nur geprüft werden kann, soweit das Wohl der Allgemeinheit oder berechtigte Interessen einzelner eine Weisung oder Entscheidung zwingend erforderlich machen, oder soweit der Bundesregierungnach Art. 84/5 oder 85/3 GG ein Weisungsrecht zusteht und die Weisung erteilt wurde.[292]
Im Gegensatz zu anderen Bundesländern begründet das bayerische Gemeinderecht somit ein sogenanntes „erweitertes Selbstverwaltungsrecht“.[293] In diesem Zusammenhang wird auch von einem Strukturwandel

sprüche einzelner eine Weisung oder Entscheidung zwingend erfordern". VGH-Entscheidung vom 23.8.1954 (BayVBl. 1955, S.25f., 25).

289 Vgl. Masson/Samper, „Bayerische Kommunalgesetze“, München 1993, Rdnr.17/Art. 109.

290 Vgl. Scholler, Heinrich, „Grundzüge des Kommunalrechts in der Bundesrepublik Deutschland“, Heidelberg, 1990, S. 246. Siehe hierzu auch: Lissack, Gernot, „Bayerisches Kommunalrecht“, München, 1997.

291 Vgl. hierzu ausführlich Kap. III. 1.6. dieser Arbeit: die Anfechtungsklage der Stadt München vs. die Regierung von Oberbayern gemäß § 42 VwGO.

292 Vgl. Scholler, Heinrich, „Grundzüge des Kommunalrechts...“, S. 246/247.

293 Vgl. Art. 109 Absatz 2 BayGO.

im kommunalen Wirkungsbereich gesprochen, der in dieser Selbstbeschränkung des Weisungsrechtes zu sehen ist.[294]
Dies bedeutet speziell für die bayerischen Kommunen, daß neben den Bereichen der garantierten Freiheit weiterhin Freiräume existieren, um "im Rahmen der Gesetze" eigene Regelungen zu entwickeln. Üblicherweise wird dies immer eine Mischung aus bundes- und landesrechtlicher Beeinflussung sein, verbunden mit "der Möglichkeit gemeindlicher Eigeninitiativen und Ermessensspielräume, deren Umfang insgesamt abhängig ist von der "Lage der Dinge", d.h. vom einzelnen Lebenssachverhalt, von den Gegebenheiten der konkreten Gemeinde und auch von der Eingriffsfreude der zuständigen Kommunalaufsicht"[295].

III.1.3. Flüchtlingspolitik als "Angelegenheit der örtlichen Gemeinschaft" ?

Da das Grundgesetz die Kommunen im Zusammenhang mit der auswärtigen Gewalt nicht erwähnt und die Pflege der Beziehung zu auswärtigen Staaten nach Art. 32/1 GG Sache des Bundes ist, partizipieren die kommunalen Gebietskörperschaften grundsätzlich nicht an der auswärtigen Gewalt.[296] Solange weder eine Beauftragung der Gemeinden durch Bund oder Länder noch ein Ersuchen um Amtshilfe erfolgt, ändert sich an dieser Sachlage nichts. Trotz dieser klaren Rechtslage entwickelte sich der Ausdruck "kommunale Außenpolitik" zur gebräuchlichen Bezeichnung für kommunale Initiativen, welche sich auf die Außenpolitik der Bundesregierung beziehen.[297] Obschon sich diese kommunalen Aktivitäten tendenziell eher ausweiten als verringern, gibt es bis zum jetzigen Zeitpunkt kein abgesichertes rechtliches Institut der "kommunalen Außenpolitik"[298].

---

[294] Vgl. Scholler, Heinrich, „Grundzüge des Kommunalrechts...", S. 247.

[295] Schmid-Eichstaedt, "Die Kommunen zwischen...", S. 103.

[296] Dies wird von der Stadt München auch nicht generell in Frage gestellt. Ausdrücklich wird daher in der Vorlage des Sozialreferenten Friedrich Graffe für die gemeinsame Sitzung des Verwaltungs- und Personalausschusses, des Kreisverwaltungs- und des Sozialausschusses vom 29.11.1993 auf S. 5 festgehalten: "Grundsätzlich müßte es unumstritten sein, daß Flüchtlingsarbeit staatliche Aufgabe ist. Denn es ist ein Unding, daß die Kommunen zum Prellbock und Auffangbecken internationaler Konflikte gemacht werden. Asylrecht und Flüchtlingsbetreuung ist Aufgabe des Staates".

[297] Vgl. Heberlein, Horst, "Aktuelle Rechtsprobleme "Kommunaler Aussenpolitik"", in: Die Verwaltung, 26. Band, Berlin 1993, S. 211.

[298] Blumenwitz, Dieter, "Das Recht der Gemeinden zur Aufnahme kommunaler Auslandsbeziehungen und die Schranken kommunaler "Außenpolitik"" in: Deutsches Institut für Urbanistik (Hrsg.), Kommunale "Außenpolitik", Berlin, 1989, S. 47.

Andererseits bedeutet dies aber nicht, daß sich ein kommunales Engagement dieser Art einer rechtlichen Beurteilung entzieht, denn auch hier gelten die allgemeinen Rechtsschranken der kommunalen Selbstverwaltung.[299]
Wenn aber - wie oben erläutert - der vom Staat den Gemeinden übertragene Wirkungskreis zur Verortung kommunaler Außenpolitik ausscheidet, so ist eine gemeindliche Aktivität auf diesem Gebiet nur dann rechtlich zulässig, wenn sie sich den Aufgaben im eigenen Wirkungskreis zuordnen läßt, d.h. wenn die kommunale Flüchtlingspolitik nach Art. 28/2 Satz 1 GG als eine "Angelegenheit der örtlichen Gemeinschaft" charakterisiert werden kann.
Das Bundesverwaltungsgericht hält hierzu fest, daß die Universalität des gemeindlichen Wirkungskreises auch die grundsätzliche Berechtigung der Gemeinden miteinschließt, "sich aus ihrer ortsbezogenen Sicht mit bestimmten Fragen zu befassen, die nach der gesetzlichen Kompetenz- und Zuständigkeitsordnung anderen Trägern öffentlicher Gewalt zugewiesen sind[300]". Das Bundesverfassungsgericht definiert als Angelegenheiten des örtlichen Wirkungskreises "diejenigen Bedürfnisse und Interessen, die in der örtlichen Gemeinschaft wurzeln oder auf sie einen spezifischen Bezug haben[301]".
Beide Entscheidungen machen deutlich, daß die Grundlage für die Bezeichnung eines Gegenstandes als "Angelegenheit der örtlichen Gemeinschaft" die bürgerschaftliche Beteiligung ist. Diese Beteiligung war und ist im Fall der bosnischen Bürgerkriegsflüchtlinge in München in mehrfacher Hinsicht gegeben, sind doch ca. zwei Drittel aller in München angekommenen Flüchtlinge aus dem ehemaligen Jugoslawien von Münchner Bürgerinnen und Bürgern aufgenommen und z.T. jahrelang finanziell massiv unterstützt worden.[302] Hinzu kommt das ehrenamtliche humanitäre Engagement einer großen Anzahl von Menschen[303] in zahl-

[299] In diesem Zusammenhang sind vor allem die Urteile des Bundesverwaltungsgerichts vom 14. 12. 1990 zu nennen. Vgl. auch Heberlein, Horst, Die Rechtsprechung des BVerfG und des BVerwG zur "kommunalen Außenpolitik", NVwZ 1992, S. 543.

[300] BVerwGE 87, 228 (230).

[301] BVerfGE 79, 127 (151).

[302] Vgl. Bericht des Flüchtlingsamtes, 1997, S. 20. An dieser Stelle darf jedoch nicht unerwähnt bleiben, daß sich eine große Anzahl von Personen jahrelang selbst versorgte und dadurch keinerlei staatliche Unterstützung in Anspruch genommen hat. Dies war dadurch möglich, da sie mit einer Duldung zugleich eine Arbeitserlaubnis erhielten.

[303] Nachweislich engagieren sich ca. 800 - 1000 Münchner Bürgerinnen und Bürger in organisierten Gruppen für die Unterstützung der in München aufgenommenen Flüchtlinge. Vgl. "Bericht des Flüchtlingsamtes", 1997, S. 58.

reichen Verbänden und Vereinen und die nun schon jahrelang anhaltende Bereitschaft innerhalb der Münchner Bürgerschaft zu großzügigen Sach- und Geldspenden.[304]
Auch das Abstellen auf den Begriff des "Hochpolitischen"[305] trägt nicht entscheidend zur Klärung des Sachverhaltes bei; wie die Entscheidung des Bundesverwaltungsgerichts verdeutlicht, bewegt sich kommunale Außenpolitik schon von ihrem Anspruch her nicht in einem politikfreien Raum[306] und deshalb folgt auch aus dem politischen Gesamtzusammenhang nicht eo ipso die Unzulässigkeit des einzelnen zur Überprüfung stehenden Ratsbeschlusses.[307]
Hinzu kommt, daß die Präambel des Grundgesetzes, die nach der Rechtsprechung des Bundesverfassungsgerichts nicht nur eine politische Bedeutung, sondern auch einen rechtlichen Gehalt hat, die Zielvorgaben eines vereinten Europas und der friedlichen Völkerverständigung normiert.[308] Ob eine kommunale Flüchtlingspolitik eine in diesem Sinne zulässige kommunale Initiative darstellt, kann im Rahmen dieser Arbeit nicht geklärt werden.
Das Problem einer die Bundes- oder Landesregierungspolitik beeinträchtigenden kommunalen Gegenaußenpolitik stellt sich eindeutig dann, wenn im Einzelfall eine kommunale Außenpolitik verfolgt wird, die bewußt die staatliche Außenpolitik zu konterkarieren versucht.[309] Dies trifft im vorliegenden Fall der Auseinandersetzung um das flüchtlingspoliti-

---

[304] Gewiß wäre es unzulässig, eine bürgerschaftliche Beteiligung nur an der Höhe des zustandegekommenen Spendenaufkommen zu bemessen. Nichtsdestotrotz mag es als Indikator für einen vollzogenen Stimmungsumschwung in der Bevölkerung dienen, daß seit Beginn 1997 das Spendenaufkommen - z.B. für Rückkehrhilfen - im Vergleich zu den Jahren 1993-96 deutlich rückläufig ist. Interview mit W. Kurreck, Leiter des Münchner Flüchtlingsamtes vom 15.12.1997.

[305] Vgl. Blumenwitz, Dieter, Zur Rechtsproblematik von Städtepartnerschaftsabkommen, BayVBl. 1980, S. 198 ff.

[306] Vgl. BVerwGE 87, 237 (240): Es sei "Wesensmerkmal des politischen Meinungsstreits, daß die Beteiligten den Gegenstand ihres Streits unterschiedlich" bewerteten "und insoweit Gegensätze ausgetragen werden" müßten, ohne daß sich hieraus eine unzulässige Einmischung "in die den Gemeinden verschlossene Verteidigungspolitik" (Flüchtlings- und Asylpolitik; Anm. d. Verf.) ergebe.

[307] Vgl. BVerwGE 87, 228 (235).

[308] "Rechtliche Maßstäbe sind auch insoweit - als Bestandteil des der kommunalen Selbstverwaltung gezogenen gesetzlichen Rahmens - dem Grundgesetz zu entnehmen". Heberlein, Horst, "Aktuelle Rechtsprobleme...", S. 222.

[309] Vgl. zum Beispiel die damalige Kontroverse um die Projektpartnerschaft zwischen Nürnberg und der nicaraguanischen Stadt San Carlos, in deren Verlauf der Stadt Nürnberg die Konterkarierung der durch den Bund verfolgten außenpolitischen Prämissen vorgeworfen wurde, SZ am 16./17.11. 1985, S. 25.

sche Engagement der Landeshauptstadt München nicht zu.[310] Da sich jedoch nach herrschender Meinung mit der Eigenverantwortlichkeit der kommunalen Aufgabenerledigung keine Rechtspflicht zur außenpolitischen Homogenität mit der Regierungspolitik vereinbaren läßt[311], liegt die Lösung des Konfliktes im Gebot der gegenseitigen Rücksichtnahme in dem Sinne, daß das kommunale Engagement die staatliche Außenpolitik nicht stören darf.[312] Der Versuch einer Antwort auf die Frage, ob nun die bayerische oder die Münchner Flüchtlingspolitik kontraproduktiv - weil provokativ und konfrontativ ausgerichtet - sowohl für die bundesdeutsche Außenpolitik als auch für die Meinungsbildung über Deutschland im Ausland war und mehr den Konflikt denn die Kompromisse suchend konzipiert ist, soll in den nachfolgenden Kapitel gegeben werden.

Bei der Klärung der Frage, ob Flüchtlingspolitik in bestimmten Situationen auch zu einer Angelegenheit der örtlichen Gemeinschaft werden kann, muß auch ein Blick auf die Möglichkeiten der Kommunalaufsicht der Länder geworfen werden.[313] Wie oben dargelegt, ist es die Aufgabe der Kommunalaufsicht, dafür Sorge zu tragen, daß die Gemeinden den "Rahmen der Gesetze" auch im Hinblick auf die Bundeskompetenz im Bereich der auswärtigen Gewalt beachten. Beeinträchtigt nun eine kommunale Initiative die Außenpolitik des Bundes, so ist das Land durch die Bundestreue zwar zum rechtsaufsichtlichen Einschreiten gegen die Stadt verpflichtet, doch im Gegensatz zu den Regelungen gemäß Art. 55/5 und Art. 83/4 Satz 1 BV ist in diesem Fall nicht die Einschätzung der Aufsichtsbehörde oder der Landesregierung, sondern die Lagebeurteilung

---

[310] Vgl. S. 5 des Entwurfs des Sozialreferenten der Landeshauptstadt München Friedrich Graffe zur Neuorganisation der Flüchtlingsarbeit in München vom 29.11.1993, in welchem nochmals explizit festgehalten ist, daß Flüchtlingspolitik staatliche Aufgabe ist und es im Gegenteil ein Unding ist, wenn Kommunen zum Prellbock und Auffangbecken internationaler Konflikte gemacht werden.

[311] Vgl. Tomuschat, Christian, Der Verfassungsstaat im Geflecht der internationalen Beziehungen, VVDStRL 36 (1978), S. 7 und 24 ff.

[312] Wenn man die z.T. sehr deutlichen Differenzen und Unstimmigkeiten zwischen der Politik der IMK und dem Bundesaußenministerium im Falle der bosnischen Flüchtlinge betrachtet oder die Kritik an der explizit bayerischen Flüchtlingspolitik durch hochrangige Bundespolitiker der Unionsparteien wahrnimmt, erscheint es unwahrscheinlich, daß eine nach humanitären Kriterien orientierte kommunale Flüchtlingspolitik hier noch einen erhöhten Störwert haben kann. Vgl. u.a. "Koalitionspolitiker prangern Abschiebepraxis an", SZ-Titelseite am 29./30./31.3.1997; "Vom Kirchturm sieht man nicht bis Sarajewo", SZ am 10./11.5.1997, S. 4 und "Menschen wie Kriminelle abgeschoben", SZ am 14.4.1997, S. 41.

[313] Siehe auch vorangegangenen Abschnitt III.1.2. zu den Bedingungen der Rechts- und Fachaufsicht.

der Bundesregierung als der zuständigen Kompetenzinhaberin maßgeblich.[314]

III.1.4. Jüngste institutionelle Entwicklungen auf dem Gebiet der kommunalen Flüchtlingspolitik in München

III.1.4.1. Die Entwicklung bis zur Gründung des Münchner Flüchtlingsamtes

Die verstärkte Zuwanderung von Flüchtlingen ist für die Stadt München seit etwa 1985 ein Faktum, wobei zunächst davon ausgegangen wurde, daß es die Aufgabe der ohnehin durch akute Wohnungsnot belasteten Kommune München sei, alle neu ankommenden Flüchtlinge unterzubringen. Ende der 80er Jahre wurde gerichtlich geklärt, daß für die Unterbringung der Asylbewerberinnen und Asylbewerber der Freistaat Bayern zuständig ist.[315] Die realen Entwicklungen und die Ergebnisse einer Studie zu den zukünftigen Chancen und Risiken der Landeshauptstadt München als Wirtschaftsstandort[316] haben den Rat der Stadt München davon überzeugt, daß die Betreuung von Flüchtlingen eine Daueraufgabe bleiben wird. Als Konsequenz bestellte der Stadtrat mit Beschluß vom 4.10.1989 den Sozialreferenten zum Flüchtlingsbeauftragten der Landeshauptstadt München.
Mit der zunehmenden Dringlichkeit des Flüchtlingsproblems kam es zum einen zu einer Überlastung des behördlichen Apparates und zum anderen zu einer immer undurchschaubareren Zuständigkeitsverteilung zwischen Sozialamt, Wohnungsamt, Ausländeramt, Stadtjugendamt, Allgemeinem Sozialdienst, Stadtkämmerei, der Regierung von Oberbayern, dem Bezirk Oberbayern, dem Staatsministerium des Inneren und dem Bundesamt für die Anerkennung von Flüchtlingen. Als Konsequenz daraus erfolgte am 13.12.1991 die Bildung einer eigenen Organisationseinheit unter Federführung des Kreisverwaltungsreferates, nämlich des Stabes für außergewöhnliche Ereignisse (SAE). Dieser SAE[317] und die vorangegangene Schilderung der "Verteilung des Problems" auf zahlreiche städtische Dienststellen und Koordinationsrunden waren Teil des Versuchs, der dauerhaften Aufgabe einer "humanen Flüchtlingsbetreu-

---

[314] Vgl. Heberlein, Horst, "Aktuelle Rechtsprobleme...", S. 224/225.

[315] Landeshauptstadt München, Sozialreferat - Flüchtlingsamt (Hrsg.), "Bericht des Flüchtlingsamtes der Landeshauptstadt München", München 1997, S. 59.

[316] "Zukünftige Chancen und Risiken der Landeshauptstadt München als Wirtschaftsstandort", Empirica, München, August 1991.

[317] Der Stab für außergewöhnliche Ereignisse wurde zum 31.1.1994 aufgelöst.

ung " mit improvisierten Mitteln und in Ermangelung einer eigentlich erforderlichen konzeptionellen Fundierung gerecht zu werden.[318]
Parallel zu den immer größer werdenen verwaltungstechnischen und organisatorischen Problemen im Bereich der Flüchtlingsbetreuung weitete sich die bundesweit sehr kontrovers geführte Diskussion der Asyl- und Flüchtlingsproblematik auch auf München aus. Über diese Sachverhalte wurde der Stadtrat[319] durch Vorlage eines Flüchtlingsberichtes[320], in dem bereits eine Zusammenlegung der verschiedenen städtischen Dienststellen zu einem "Flüchtlingsamt" angesprochen wurde, ausführlich informiert.[321]
Die im Flüchtlingsbericht vom 4.2.1993 enthaltenen Argumente für eine entscheidende Änderung des damaligen Zustandes waren a.) undurchschaubare und ineffektive Verfahrensabläufe und Zuständigkeiten, b.) Überlastung der bestehenden städtischen Verwaltungsstrukturen und c.) finanzielle Einbußen durch fehlende fristgerechte Abrechnungen mit anderen Kostenträgern, so daß in dieser Situation von einer gesetzesmäßigen Erfüllung insbesondere der Betreuungsaufgaben keine Rede sein konnte.[322]
So nahm die Idee, ein selbständiges Flüchtlingsamt innerhalb des Sozialreferates zu bilden, nach intensiven Diskussionen und einer langjährigen Vorlaufszeit[323], sowohl auf Verwaltungs- als auch auf Stadtratsebene zunehmend konkrete Form an, und mündete schließlich im Stadtratsbeschluß zur Einrichtung eines Flüchtlingsamtes vom 30.11./ 2.12.1993.
Die Einrichtung einer Geschäftsstelle unter der Firmierung "Flüchtlingsamt" erfolgte in den Räumlichkeiten des Amtes für Wohnungswesen am 1.2.1994; die endgültige Konstituierung des Münchner Flüchtlingsamtes erfolgte am 1.7.1994. Die ursprünglich im Stadtratsbeschluß zur Gründung des Flüchtlingsamtes enthaltene Forderung, auch alle auslän-

---

[318] Vorlage von Friedrich Graffe für die gemeinsame Sitzung des Verwaltungs- und Personalausschusses, des Kreisverwaltungs- und des Sozialausschusses vom 30.11.1993 bzgl. der Neuorganisation der Flüchtlingsarbeit in München; Schaffung eines Flüchtlingsamtes bzw. einer Flüchtlingsstelle, S. 8.

[319] Sitzung des Sozialhilfeausschusses des Münchner Stadtrates vom 4.2.1993.

[320] "Flüchtlingsbericht" des Flüchtlingsbeauftragten der Landeshauptstadt München vom 4.2.1993; nicht zu verwechseln mit dem "Bericht des Flüchtlingsamtes der Landeshauptstadt München" vom März 1997.

[321] Vgl. "Bericht des Flüchtlingsamtes", München 1997, S.60.

[322] Vgl. Vorlage von Friedrich Graffe, S. 3.

[323] Wie oben aufgezeigt wurde, waren die Planungen der Stadt München zur Gründung eines Flüchtlingsamtes losgelöst von der aktuellen krisenhaften Entwicklung auf dem Balkan erfolgt. Die zeitliche Koinzidenz der Ereignisse kann zum einen als Bestätigung der Richtigkeit dieser Entscheidung gesehen werden, und zum anderen bescheinigt es der Stadt München eine vorausschauende Planung.

derrechtlichen Kompetenzen - soweit sie Flüchtlinge betreffen - vom Kreisverwaltungsreferat auf das Flüchtlingsamt zu übertragen, scheiterte vorerst am Widerspruch der Regierung von Oberbayern.
Die verschiedenen Aspekte und Bestandteile der juristischen Auseinandersetzung um die Konstituierung eines kommunalen Amtes für Flüchtlinge werden detailliert in Kap. III.1.6. diskutiert.

III.1.4.2. Der politische Hintergrund für die Einrichtung eines Amtes für Flüchtlinge und die Schaffung der Ombudsmannstelle für Ausländerinnen und Ausländer

Die zeitgleiche Entstehung von Flüchtlingsamt und Ombudsmann-Stelle, welche auch inhaltlich eng miteinander verbunden sind, kann Indiz dafür sein, daß es sich hierbei um eine politische Entscheidung handelt, die als Reaktion auf die Wiederwahl des Kreisverwaltungsreferenten Hans-Peter Uhl im Mai 1993 zu verstehen wäre. Diese Wahl, die nur mit Unterstützung der SPD-Stadtratsfraktion möglich war[324], wurde von dem Koalitionspartner der SPD, der Fraktion Bündnis90/DIE GRÜNEN als eklatantes Ausscheren aus der Koalition empfunden, das einen Ausgleich erfordertlich machte.[325] Dieser fand sich in Form der beiden obengenannten Institutionen, die dann sozusagen als Korrektiv den Wirkungskreis des Kreisverwaltungsreferenten einschränken sollten.[326] So sollten maßgebliche ausländerrechtliche Kompetenzen vom KVR weg und zum Flüchtlingsamt hin übertragen werden; im Falle des Ombudsmannes war vorgesehen, daß dieser - korrigierend in Einzelfällen und daraus abgeleitet auch für abstrakte Regelungen - über den Oberbür-

---

[324] Der damalige SPD-Kandidat für den Posten des Kreisverwaltungsreferenten war Christian Ude, der derzeitige Oberbürgermeister der Stadt München. Dieser Umstand mag z.T. das sehr spezielle Verhalten erklären, das diese beiden profilierten Politiker im Umgang miteinander pflegen. „Tatsache ist, daß die Klärung von Kompetenzstreitigkeiten bzgl. der Zusammenarbeit des Kreisverwaltungsreferates mit anderen städtischen Referaten oder dem Innenministerium durch den Oberbürgermeister nicht angegangen wird." Vgl. Interview mit Siegfried Benker, Fraktionsprecher von Bündnis'90/DIE GRÜNEN, vom 25.2.1998. Zudem muß bei der Betrachtung dieser „persönlichen Animositäten" auch berücksichtigt werden, daß eine Kandidatur beider Politiker bei der im Jahr 1999 anstehenden Wahl des Münchner Oberbürgermeisters wahrscheinlich erscheint.

[325] Vgl. Interview-Äußerungen von Siegfried Benker, Marion Lich und Rudolf Brettmeister, die dem Verfasser vorliegen.

[326] Vgl. ebenda.

germeister direkten Einfluß auf die Tätigkeit des KVR nimmt.[327] Nachdem die Regierung von Oberbayern diese Abspaltung ausländerrechtlicher Kompetenzen vom KVR beanstandete, kam es zu dem unter Punkt III.1.6. detailliert dargestellten Prozeß zwischen der Landeshauptstadt München und der Regierung von Oberbayern. Nach der Anfang Dezember 1997 erfolgten Abwahl von Hans-Peter Uhl als Kreisverwaltungsreferenten besteht von keiner der beiden Prozeßparteien mehr ernstliches Interesse an der Fortführung desselben. Während sich große Teile des Stadtrates von dem neugewählten Kreisverwaltungsreferenten Wilfried Blume-Beyerle eine weniger polarisierende und behutsamere Ausländerpolitik versprechen, welche die Kompetenzbeschneidung des KVR überflüssig machen würde[328], gibt der bisher zwischen Prozeßparteien und Gericht erfolgte Schriftverkehr zu der Vermutung anlaß, daß die Regierung von Oberbayern ihrerseits ernsthafte Bedenken hat, diesen Prozeß zu verlieren und ihr eine Verfahrenseinstellung aus diesem Grund nicht ungelegen käme.[329] Somit sind von den einstigen Verfechtern dieser "großen Lösung", nämlich neugegründetes Amt plus ausländerrechtliche Kompetenzen augenscheinlich nur die Stadtratsfraktion Bündnis90/DIE GRÜNEN und der Leiter des Flüchtlingsamtes Wolfgang Kurreck übrig.[330] Beide vertreten die Meinung, daß es viel stärker inhaltliche und weniger personelle Gründe sind, die für die Verlagerung ausländerrechtlicher Kompetenzen sprechen[331], wohlwissend, daß dies zahlreiche Herausforderungen für das Flüchtlingsamt mit sich bringen würde, indem sich das Image des Amtes vom ausschließlich sozial-humanitären weg zu einem auch vollziehenden Amt verändern müßte. Dies böte jedoch

[327] Vgl. Interview vom 17.11.1997 mit Rudolf Brettmeister, Ombudsmann für Ausländerinnen und Ausländer der Landeshauptstadt München.

[328] Vgl. "Mehr Toleranz und Liberalität" - Der designierte Kreisverwaltungsreferent Wilfried Blume-Beyerle über den neuen Kurs in der Ordnungspolitik, SZ am 19.12.1997.

[329] Die These von den eingeschränkten Gewinnchancen der Regierung von Oberbayern im Prozeß gegen die Stadt München leitet sich aus den im Kapitel III.1.6. dargelegten Argumentationsketten der jeweiligen Prozeßparteien ab und sagt nichts über den tatsächlichen Stand des Prozeßes aus.

[330] Vgl. Interviews mit Wolfgang Kurreck und Siegfried Benker, die dem Verfasser vorliegen.

[331] Dieselbe Frage, nämlich ob sie ihre Rechtfertigung vornehmlich aus einer "Aufpasser"- und Korrektivfunktion erhielt oder ob nicht gewichtige inhaltliche Gründe für eine Beibehaltung sprechen, stellt sich nun auch im Falle der Ombudsmannstelle.

die große Chance, auch den Vollzug gemäß einer humanitären Richtlinie durchzuführen.[332]
In Anbetracht eines über 10 Jahre von Hans-Peter Uhl geführten Kreisverwaltungsreferates und eines noch länger CSU-dominierten Bayerischen Staatsministeriums des Innern und der damit verbundenen restriktiven Ausländer- und Flüchtlingspolitik erscheint die aktuelle an sozialen und humanen Kriterien orientierte Flüchtlingspolitik der Stadt München als zentraler Inhalt rot-grüner Reformpolitik schlüssig. Weniger nachvollziehbar erscheint diese Politik jedoch, betrachtet man sie unter der Annahme einer stillschweigenden "großen Koalition" in Fragen der Asyl- und Flüchtlingspolitik zwischen SPD und CDU/CSU auf Länder- und Bundesebene. Dafür, daß diese inhaltliche "große Koalition" auf Bundes- und Landesebene spätestens seit dem sogenannten "Asylkompromiß" von 1993 existiert, spricht z.B. die nahezu reibungslose Kooperation zwischen der Unionsfraktion und der SPD innerhalb der Innenministerkonferenz oder im Bundesrat, wenn es um Probleme des Ausländer-, Asyl- oder Flüchtlingsrechts geht, jüngst zu verfolgen bei der neuerlichen Reform des Asylbewerberleistungsrechtes. Dies legt den Schluß nahe, daß die kommunale Flüchtlingspolitik der Stadt München sowohl die Bayerische Staatsregierung und den Bayerischen Landtag, als auch die Bonner Politik im Visier hat.[333]
Der Ombudsmann der Stadt München für die Belange der Ausländerinnen und Ausländer R. Brettmeister meint, generell deutliche Berührungsängste der Politik hinsichtlich des Themas "Ausländer" erkennen zu können, mit der Konsequenz, daß in München neben dem Flüchtlingsamt auch die Ombudsstelle und die von ihr geleistete Arbeit z.T. "totgeschwiegen" wird und es in München daher kaum profilierte Kommunalpolitikerinnen oder -politiker gibt, die sich des Themas "Ausländerpolitik" verschrieben hätten.[334]

---

[332] Vgl. Interview mit Herrn W. Kurreck, Leiter des Flüchtlingsamtes der Stadt München, vom 15.12.1997

[333] Hier wäre zuallererst an eine Einflußnahme auf den Bundesrat zu denken, a.) über die sozialdemokratisch regierten Länder oder b.) nach erfolgter Lobbyarbeit auch durch den Deutschen Städtetag. Zahlreiche im Münchner Stadtrat gestellten Anträge oder die Ausführungen zu denselben, in welchen die Adressaten Bundes- oder Landespolitiker waren, lassen diese These plausibel erscheinen. Vgl. stellvertretend den Änderungsantrag von SPD und Bündnis'90/DIE GRÜNEN/rosa liste zur gemeinsamen Sitzung des Kreisverwaltungs- und Sozialausschusses vom 1.7.1997 bzgl. der humanitären Rückführung der bosnischen Flüchtlinge.

[334] Interview mit R. Brettmeister vom 17.11.1997. Von dieser allgemeinen Einschätzung können Tassia Fouki-Friedl und Siegfried Benker, Stadträtin und Stadtrat von Bündnis90/DIE GRÜNEN, und z.T. auch Friedrich Graffe, Sozialreferent der Stadt München, SPD, ausgenommen werden, die sich in der Vergangenheit durch ihr

Vor diesem Hintergrund erscheint der Versuch der Stadtratsfraktion Bündnis90/DIE GRÜNEN, den sogenannten "Münchner Weg" als eigenständigen Beitrag Münchens zur bayerischen und letztlich bundesdeutschen Flüchtlingspolitik zu etablieren, noch bemerkenswerter.
Daß die Konzeption und Umsetzung der Münchner Flüchtlingspolitik als dezidiert konträr zur Landes- und Bundespolitik angelegte Reformpolitik gedacht ist und von den betroffenen Politikern auch so verstanden wird, beweist die überwiegend politisch und kaum juristisch argumentierende Klageabweisungsschrift der Landesanwaltschaft Bayern.[335] Dort kommt ein Verständnis von Kommunalpolitik im Allgemeinen und Flüchtlings- bzw. Ausländerpolitik im Speziellen zum Ausdruck, das konträr zum Ansatz der Landeshauptstadt München steht. Da die Landesanwaltschaft die Vertretung der Interessen des Freistaates Bayern und somit auch der Regierung von Oberbayern vor Gericht wahrnimmt, darf davon ausgegangen werden, daß die in diesem Schreiben enthaltene Argumentation die Meinung und Sichtweise der Regierung von Oberbayern und auch der bayerischen Staatsregierung wiedergegeben.

III.1.5. Zielgruppen, Aufgaben und Struktur des Flüchtlingsamtes der Stadt München

III.1.5.1. Ziele und Aufgaben

Zuvorderst war es das Ziel des Flüchtlingsamtes, die Unterbringung, Betreuung und wirtschaftliche Versorgung von Flüchtlingen unter einem Dach zusammenzuführen. Weitere Vorteile sind durch eine überschaubare Behörde mit kurzen Wegen für hilfe- und schutzsuchende Flüchtlinge, die Verkürzung der Dienstwege innerhalb der Verwaltung, die effizientere Verteilung von Aufgaben und schließlich durch eine Straffung der Koordination in der Zusammenarbeit mit den Verbänden, Initiativen und den ehrenamtlichen Helfern gegeben.[336]
Der Aufgabengliederungsplan der Landeshauptstadt München sieht eine Tätigkeit des Flüchtlingsamtes in den Bereichen der Koordinierung der

Engagement und ihren Einsatz für ausländer- und flüchtlingspolitische Inhalte von dieser allgemeinen Einschätzung deutlich abheben konnten. Vgl. Stadtratsanträge Nr. 177, 456, 766 und 790.

[335] Klageabweisungsschrift der Landesanwaltschaft Bayern, Außenstelle München vom 15.07.1997 an das Bayerische Verwaltungsgericht München, AZ: M 7 K 96.5229.

[336] Vgl. Sozialreferat der Landeshauptstadt München (Hrsg.), "Soziale Leistungen in Zahlen - 1995", München 1996, S. 100.

flüchtlingsrelevanten Aktivitäten, der Unterbringung, der Betreuung und der wirtschaftlichen Versorgung der Flüchtlinge vor.[337] Die Koordinierung aller Tätigkeiten der Landeshauptstadt München im Flüchtlingsbereich umfaßt u. a. das Erstellen eines Gesamtkonzeptes zum Umgang mit Flüchtlingen und das Verfassen eines jährlichen Flüchtlingsberichtes.[338]
Unter dem Punkt "Unterbringung" wird die Planung von Unterkünften, die Beschaffung und Auflösung von Einrichtungen zur Aufnahme von Flüchtlingen und des weiteren die Verwaltung, Instandsetzung und Instandhaltung der städtischen Gemeinschaftsunterkünfte subsumiert.[339]
Neben dem Vollzug des Asylbewerberleistungsgesetzes (AsylbLG) und des Bundessozialhilfegesetzes (BSHG) für Asylbewerber und Flüchtlinge sind es die Abrechnung aller Leistungen mit dem Freistaat Bayern bzw. dem Bezirk Oberbayern und die Unterbringung von Flüchtlingen und Asylbewerbern in geeigneten Unterkünften, die der Rubrik "wirtschaftliche Versorgung von Flüchtlingen" zugeordnet sind.
Zusätzlich zu den wirtschaftlichen Leistungen erbringt die Stadt München in den städtischen Gemeinschaftsunterkünften freiwillig betreuerische Leistungen, deren Kosten weder von der Regierung von Oberbayern noch vom Bezirk Oberbayern erstattet werden.[340]
Der Aufgabenplan für das Flüchtlingsamt faßt unter "Betreuung" folgende Aufgaben zusammen: die Leitung der städtischen Gemeinschaftsunterkünfte, das Angebot zur Beratung von Flüchtlingen und den politisch bedeutsamen Aspekt der Zusammenarbeit mit den sozialen Diensten für Asylbewerber und Flüchtlinge, den Wohlfahrtsverbänden und den Gruppen und Initiativen des Flüchtlingsbereichs.[341]
Die Struktur und die Aufgaben des Flüchtlingsamtes in seiner heutigen Form wurden auch durch das persönliche Engagement und die Ideen von Mitarbeiterinnen und Mitarbeitern beeinflußt. So geht z.B. die Schaffung einer Stelle zur wissenschaftlichen Fundierung der kommunalen Tätigkeit auf dem Gebiet der Flüchtlingspolitik und -betreuung oder auch die Entwicklung des "Münchner Betreuungsmodells" nicht zuletzt auf den Einsatz der studentischen Mitarbeiterinnen und Mitarbeiter zurück.[342]

---

[337] Vgl. „Bericht des Flüchtlingsamtes", München, 1997, S. 63.
[338] Vgl. "Bericht des Flüchtlingsamtes", München, 1997, S. 63.
[339] Vgl. ebenda.
[340] Vgl. "Bericht des Flüchtlingsamtes", 1997, S. 39.
[341] Vgl. a.a.O. „Soziale Leistungen in Zahlen - 1995", S. 100.
[342] Entnommen einem Interview vom 12.1.1998 geführt mit Marion Lich, Leiterin des Büros für Rückkehrhilfen und Rückkehrberatung im Flüchtlingsamt der Stadt München.

Hinzu kommt die Aufgabe des Flüchtlingsamtes, eine Öffentlichkeitsarbeit zu betreiben, die zum einen der Aufklärung über die Inhalte und Ziele der Flüchtlingsamtsarbeit dient, zum anderen aber auch in der Frage der Flüchtlingsaufnahme eine Stärkung des bürgerschaftlichen Bewußtseins vor Augen hat. Nach offizieller Lesart umfaßt die Öffentlichkeitsarbeit des Flüchtlingsamtes sehr verkürzt folgende Punkte:

- Erstellen von Informationsbroschüren
- Veranstaltung von Vorträgen, Podiumsdiskussionen, etc.
- Teilnahme an Veranstaltungen anderer Organisationen i.S.v. Repräsentation der Stadt München und Durchführen von Aufklärungsarbeit
- Veröffentlichung eines Flüchtlingsberichtes zur Situation der Flüchtlinge in München
- Beantworten von Stadtratsanfragen
- Dezentrale Öffentlichkeitsarbeit
- Erhebung von flüchtlingspolitisch relevanten Daten als Grundlage einer soliden Arbeitsplanung, z.B. in Form einer bundesweiten Städteumfrage[343]

III.1.5.2. Die Zuständigkeit und Leistungen des Flüchtlingsamtes der Stadt München[344]

Bei der Festlegung der Zuständigkeit des Flüchtlingsamtes der Stadt München in Abgrenzung zum Zuständigkeitsbereich der Regierung von Oberbayern ist von Belang, um welchen Personenkreis es sich handelt und welche Art von Leistungen zu erbringen sind. Da die überwiegende Mehrheit der in München lebenden bosnischen Bürgerkriegsflüchtlinge keinen Asylantrag nach Art. 16a GG gestellt hat, ist die Stadt München für die Unterbringung und Leistungsgewährung zuständig.[345] Die Aufgabe der Leistungsgewährung ist der Stadt München jedoch nur übertragen; daher werden ihr mit Ausnahme der persönlichen und sachlichen Verwaltungskosten die erbrachten Aufwendungen vom eigentlichen Kostenträger Bezirk Oberbayern erstattet.[346]

Bis zum Inkrafttreten des AsylbLG am 1.11.1993 wurden für alle Personen Leistungen nach dem BSHG gewährt; nach dem Inkrafttreten des

---

343 "Bericht des Flüchtlingsamtes", 1997, S. 69-71.

344 Die tabellarische Darstellung der Zuständigkeit ist formal leicht variiert entnommen dem "Bericht des Flüchtlingsamtes", 1997, S. 37.

345 Gemäß Art. 57 BayGO, Art. 6, 7 LStVG und Art. 5 DVAsylbLG.

346 Vgl. "Bericht des Flüchtlingsamtes", März 1997, S. 39.

AsylbLG wurden die Leistungen entsprechend dem ausländerrechtlichen Status neu geordnet. Nach erneuter Reform umfaßt das AsylbLG nun seit dem 1.6.1997 auch die bosnischen Kriegsflüchtlinge, von denen bis zum März 1997 4934 Personen von der Leistungsabteilung des Flüchtlingsamtes betreut wurden.[347] Die im Februar 1998 aufgekommene Diskussion um eine erneute Reformierung des Asylbewerberleistungsgesetzes könnte auch einschneidende Änderungen für die Leistungsgewährung durch das Flüchtlingsamt mit sich bringen. Eine beträchtliche Anzahl der bosnischen Bürgerkriegsflüchtlinge hätte dann keinen Anspruch mehr auf Ernährung und Unterkunft, sondern nur noch auf Fahrtkosten und Reiseproviant.[348] In der nun vorgestellten Form stößt das Gesetz in Expertenkreisen[349] und bei ausländerrechtlich engagierten Kommunalpolitikern[350] auf einhellige Ablehnung.

III.1.5.3. Beratung in rechtlichen Belangen

Wenn hier von den rechtlichen Grundlagen der Betreuungstätigkeit der Stadt München auf dem Gebiet der Bewältigung aller im Zusammenhang mit Flüchtlingen entstehenden Problemen die Rede ist, muß klar festgehalten werden, daß es sich hier a.) um eine freiwillige Leistung der Stadt München handelt und b.) es sich nicht um Rechtsberatung im Sinne einer Einzelfallberatung handelt, die ihren "Schwerpunkt im Rechtlichen hat"[351], sondern um eine Betreuung in sozialen Angelegenheiten. Dies wiederum geschieht mit dem Wissen, daß eine exakte Grenzziehung zwischen bloßer Rechtsbelehrung und Rechtsberatung im Einzelfall nicht immer möglich ist. Es ist in diesem Zusammenhang also die Frage von Bedeutung, was eine nach § 8 Abs.2 Satz 1 BSHG zulässige "Beratung in Fragen der Sozialhilfe" oder "in sonstigen sozialen Angelegenheiten" ist und was als unzulässige, weil die Kompetenzen des Flüchtlingsamtes überschreitende, ausländerrechtliche Rechtsberatung erscheint.[352]

---

[347] Vgl. "Bericht des Flüchtlingsamtes", März 1997, S. 84/85.

[348] Vgl. "'Politik des Aushungerns' von Flüchtlingen", SZ am 24.2.1998, S. 34 oder "Nur noch Butterbrot und Fahrkarte", SZ, am 6.2.1998, S. 9.

[349] Vgl. Interview mit Hermann Thoss, stellvertretender Leiter des Münchner Flüchtlingsamtes, vom 4.3.1998.

[350] Vgl. Interview mit Siegfried Benker vom 25.2.1998.

[351] BGH, NJW 1956, 592.

[352] Es besteht zwar im Verwaltungsverfahren gemäß Art. 25 BayVwVfG ein grundsätzlicher Anspruch auf Beratung und Auskunft, doch ist in unsererm Fall entscheidend, was die dem Flüchtlingsamt zugeteilten Kompetenzen gemäß der Allgemeinen Geschäftsanweisung der Stadt München (AGAM) vorsehen.

Die Rechtsgrundlage der Betreuungsabteilung im Flüchtlingsamt gemäß Sozialgesetzbuch (SGB) I. § 13/14 i.V.m. § 8 BSHG mutet prima vista etwas konstruiert an, da sie ursprünglich für Regelungen analog BSHG gedacht war, Bürgerkriegsflüchtlinge davon jedoch nach dem neuen AsylbLG ausdrücklich ausgenommen sind. Hier könnte eine Klarstellung bezüglich der derzeitigen Rechtsgrundlage für die Betreuungstätigkeit hilfreich sein. Grundsätzlich fällt nach § 8 Abs. 2 Satz 1 BSHG auch die Beratung unter "sonstige soziale Angelegenheiten". Die Beratung "erstreckt sich auf alle sozialrechtlichen Fragen, die für den Bürger zur Beurteilung seiner Rechte und Pflichten von Bedeutung sind oder in Zukunft von Bedeutung sein können, soweit er hieran ein berechtigtes Interesse hat"[353]. Die Beratung umfaßt insbesondere die Rechtsberatung im Sinne von § 14 SGB I.[354], wobei sich aufgrund der Verzahnung des gesamten Sozialrechts mit anderen Rechtsgebieten, die Beratung auch auf andere Rechtsfragen erstrecken kann, die Auswirkungen auf die Gewährung von Sozialhilfe haben, somit auch auf das Ausländerrecht.[355] Auch wenn sich das exakte Maß dessen, was zulässig und unzulässig ist, fast immer nur im konkreten Einzelfall bestimmen läßt, steht fest, daß z.B. eine Prozeßvertretung eindeutig über den zulässigen Rahmen einer Rechtsberatung hinaus geht.[356]
Generell gilt: Da das Flüchtlingsamt die Gesetze im Bereich des AsylbLG und des BSHG vollzieht, ist eine Beratung in leistungsrechtlichen Fragen, z.B. durch die Heimleitungen durchaus möglich, ohne daß damit eine Kompetenzüberschreitung oder eine Konfrontation mit dem Rechtsberatungsgesetz vorliegt. Im Stadtratsbeschluß vom 2.12.1993 war zwar vorgesehen, dem Flüchtlingsamt hinsichtlich aufenthaltsrechtlicher Fragestellungen ausländerrechtliche Kompetenzen zu übertragen, die dadurch dem KVR entzogen werden sollten. Da es zu dieser Maßnahme aufgrund der Beanstandung durch die Regierung von Oberbayern bisher nicht gekommen ist, bestünde eine Möglichkeit darin, im Zuge der Amtshilfe - quasi als "Außenstelle" - eine Abteilung des KVR in die Räumlichkeiten des dem Sozialreferat zuordneten Flüchtlingsamtes zu verlegen.[357] Durch diese Maßnahme wäre eine unter dem Aspekt der adressatbezogenen Verwaltung sinnvolle Zusammenführung von Kompetenzen unter

[353] Knopp, Anton u.a., "BSHG", München, 1992, § 8 Rn. 11.
[354] Vgl. Schellhorn, Walter u.a., Neuwied, 1993, "BSHG", § 14 Rn. 22.
[355] Vgl. Heinhold, Hubert, "Asylrechtliche Beratung durch Sozialarbeiter und Ehrenamtliche - Ein Verstoß gegen das Rechtsberatungsgesetz ?", ZAR 3/1997, S. 110-120, hier: S. 116.
[356] Vgl. Ebenda, S. 119/120.
[357] Vgl. Interview mit Dr. Thomas Böhle vom 8.1.1998, Direktoriumsmitglied und zukünftiger Personalreferent der Landeshauptstadt München.

einem Dach gegeben, ohne daß es zu einer Organisationsveränderung innnerhalb der Ressortzuständigkeit kommen müßte.

III.1.5.4. Das "Münchner Betreuungsmodell"

Die politische Brisanz und Bedeutung des Themas der kommunalen Flüchtlingspolitik lassen sich auch an der hartnäckig geführten Auseinandersetzung um Begriffe festmachen. Neben dem eher umfassender verstandenen Terminus "Münchner Weg", auf den später eingegangen werden soll, ist ein weiteres zentrales Schlagwort das vom "Münchner Betreuungsmodell"[358] oder einfach nur "Münchner Modell".[359] Die Besonderheit des "Münchner Betreuungsmodells" ist eine Zweifache: erstens ist sie in der Entstehungsgeschichte begründet und zweitens macht sie sich an einer nach dezidiert humanen und sozialen Kriterien orientierten Betreuung der Flüchtlinge fest, die unter der städtischen Obhut und Verwaltung stehen. Bereits vor Gründung des kommunalen Amtes für Flüchtlinge in München mußte die kommunale Verwaltung tätig werden, als die staatlichen Kapazitäten zur Flüchtlingsaufnahme am Ende der 80er und Anfang der 90er Jahre nicht mehr ausreichten. Aus diesen Zeiten der vielfachen Improvisation und des kreativen Engagements entstand das Institut der - meist studentischen - "Pförtnerinnen/ Pförtner mit Sonderaufgaben", was nichts anderes heißt, als daß diese Menschen oftmals die Funktion der Leitung der Unterkunftseinrichtungen wahrgenommen haben bis dann schrittweise professionell geschultes Personal diese Stellen übernahm. Nach der Gründung des Flüchtlingsamtes ging es darum, die Überführung dieser gewachsenen Provisorien in den Zusammenhang moderner Verwaltung zu gewährleisten. Dies brachte anfänglich Probleme mit sich, die nicht selten im Zusammenhang mit Kompetenzstreitigkeiten standen. Zum aktuellen Zeitpunkt macht sich die Besonderheit des "Münchner Betreuungsmodells" u.a. an einer Rund-um-die-Uhr-Betreuung fest; zugleich ist einer der derzeit strittigsten Punkte innerhalb der Diskussion im und um das Münchner Flüchtlingsamt, der nach der fraglichen Aufrechterhaltung ebendieser Betreuungsform.[360] Die

[358] Baltzer, Jochen, in: "Infodienst des Bayerischen Flüchtlingsrates", Nummer 54/55, München April/Mai/Juni 1997, S. 18-24.

[359] So findet dieser Begriff im offiziellen Bericht des Flüchtlingsamtes der Stadt München im Jahre 1997 keine Erwähnung.

[360] Auslöser hierfür sind Einsparungspläne des Sozialreferats der Stadt München, denenzufolge bei Aufrechterhaltung des derzeitigen Betreuungsstandards und Wahrung der bisher gewährten Sicherheit trotzalledem Einsparungen im Flücht-

inhaltlichen Ziele, die mit der Arbeit in den städtischen Gemeinschaftsunterkünften verfolgt werden, sind zahlreich und vielfältig[361] und haben sich im Wesentlichen der gelungenen zeitlichen Integration der Flüchtlinge, der Vernetzung verschiedenster Initiativen und der Bewußtseinsbildung innerhalb der Münchner Bürgerschaft verschrieben.
Die Zukunftperspektive des "Münchner Betreuungsmodells" wurde durch den Beschluß des Sozialausschusses des Münchner Stadtrates vom 27.11.1997[362] in einer Weise konkretisiert, daß entgegen den Befürchtungen vom "Kahlschlag in der Flüchtlingspolitik"[363] und trotz beschlossener Sparmaßnahmen eine Rund-um-die-Uhr-Betreuung in den Flüchtlingsunterkünften weiterhin gewährleistet scheint.[364]

An dieser Stelle sollte nochmals die Unterscheidung zwischen den Begrifflichkeiten "Münchner (Betreuungs)Modell" und "Münchner Weg" hervorgehoben werden. Im Gegensatz zum dargestellten "Münchner Modell" soll mit dem Begriff "Münchner Weg" nachdrücklich auf die Existenz und die Bedeutung einer identifizierbaren und eigenständigen kommunalen Flüchtlingspolitik der Stadt München hingewiesen werden.

III.1.5.5. Büro für Rückkehrberatung und Rückkehrhilfen

Obwohl das Flüchtlingsamt in Aufbau und Gliederung keine nennenswerten Besonderheiten im Vergleich mit anderen kommunalen Behörden aufweist, so wird seiner Struktur doch in der Reaktion auf aktuelle Entwicklungen ein hohes Maß an Flexibilität abverlangt. Die Rückführung von Flüchtlingen z.B. war in den ersten Jahren seit Bestehen des Amtes kein Thema, da es vorrangig um die Aufnahme und Unterbringung der Menschen ging und es keine nennenswerte Anzahl von Abschiebungen oder Abschiebeandrohungen gab.[365] Nachdem sich Anfang 1996 immer

---

lingsamt in Höhe von DM 2,2 Mio jährlich erfolgen sollen. S. Presseerklärung vom Sozialreferenten Friedrich Graffe, vom 12.6.1997.

361 Vgl. "Bericht des Flüchtlingsamtes", 1997, S. 90 ff.

362 "Neukonzeption für die Betreuung in den städtischen Gemeinschaftsunterkünften für Flüchtlinge", Beschluss der Sozialausschusses vom 27.11.1997 (SB), öffentlich.

363 Vgl. SZ vom 14.11.1997, S. 45.

364 Vgl. auch Kap. III.2.2.

365 Bemerkenswerterweise traf dies auch auf alle andere Flüchtlingsgruppen zu, die sich nun jedoch im Zuge der Abschiebung (bzw. Bedrohung mit Abschiebung) der bosnischen Flüchtlinge ebenfalls zunehmend mit einer repressiveren Linie konfrontiert sehen, z.B. Flüchtlinge aus dem Kosovo und aus Vietnam.

klarer abzeichnete, daß es in der darauffolgenden Zeit verstärkt zur Rückkehr einer größeren Anzahl von Menschen kommen wird und daraus ein steigender Bedarf an Beratung und Hilfe resultiert, wurde im Mai 1996 ein Büro für Rückkehrberatung und Rückkehrhilfen speziell für die bosnischen Kriegsflüchtlinge gegründet.

Die Dynamik, die der gesamten Thematik "Flüchtlinge" eigen ist, macht eine strukturelle Entwicklung, die dieser Dynamik Rechnung zu tragen versucht und eine flexible Reaktion auf veränderte Situationen erlaubt, veständlich.

Das Büro für Rückkehrberatung und Rückkehrhilfen sammelt Informationen über die politische und soziale Situation in den bosnischen Gemeinden, über Wiederaufbauprojekte und konkrete Hilfsangebote für Rückkehrwillige in Form von staatlichen, humanitären und privaten Hilfen sowie Spenden, es bemüht sich um eine human gestaltete Rückführung bosnischer Kriegsflüchtlinge, berät in Einzelfällen und organisiert und koordiniert den Umzug von Flüchtlingsgruppen. Darüberhinaus vermittelt es Kontakte zur gegenseitigen Unterstützung in bosnischen Regionen und nimmt an einem europäischen Programm zur Förderung von bosnischen Kleinunternehmen teil.[366] In Härtefällen, zu denen alte Menschen ohne Angehörige in Bosnien, sowie traumatisierte Flüchtlinge, gemischtethnische Ehepaare oder Auszubildende, die sich hier mitten in einer Lehre befinden zählen, spielt die Beratung und Suche nach einem Ausweg eine große Rolle. Für den Erfolg der Arbeit des Büros sind darüber hinaus der Austausch und die Zusammenarbeit mit anderen in diesem Bereich tätigen Organisationen und Behörden unentbehrlich, wobei hier besonders die Zusammenarbeit mit dem für die ausländerrechtlichen Aufenthaltsfragen zuständigen Kreisverwaltungsreferat zu nennen ist. Inwieweit diese im erforderlichen Maße gegeben ist, soll im nächsten Abschnitt genauer untersucht werden.

---

[366] Vgl. Beilage "Die Stadt informiert" aus dem Münchner Stadtanzeiger vom 7.8.1997.

III.1.6. Die Rechtsentwicklung auf dem Gebiet der kommunalen Flüchtlingspolitik

Seit dem 15. November 1995 ist beim Bayerischen Verwaltungsgericht in München in der Ersten Instanz ein Verfahren zwischen der Landeshauptstadt München und dem Freistaat Bayern anhängig, in dem es um die Übertragung ausländer- und asylrechtlicher Zuständigkeiten innerhalb der städtischen Referate geht. Nachdem der Stadtrat der Landeshauptstadt München am 2.12.1993 beschlossen hatte, die Behandlung von Bürgerkriegsflüchtlingen und Asylbewerbern bis zu dem Zeitpunkt, zu dem alle Voraussetzungen für eine Ausreise oder eine Abschiebung vorliegen, in einem eigens dafür zu schaffenden Flüchtlingsamt erfolgen zu lassen, erließ die Regierung von Oberbayern am 29.11.1994 einen Bescheid, in welchem sie diesen Beschluß rechtsaufsichtlich beanstandete und entsprechende Durchführungsmaßnahmen untersagte. Zugleich wurde mit einer Ersatzvornahme gedroht, falls es nicht zur Aufhebung des Beschlusses bis spätestens 1.2.1995 kommen sollte.[367] Auf der Grundlage eines Stadtratsbeschlusses vom 14.12.1994 hat die Stadt München am 23.12.1994 gegen den Beanstandungsbescheid Widerspruch erhoben. Auf eine Abänderung des Bescheids und der Anfügung einer detaillierten Begründung durch die Regierung von Oberbayern reagierte die Stadt München am 9.3.1995 erneut durch Erhebung eines Widerspruchs, den sie mit Schreiben vom 3.5.1995 ausführlich begründete. Als Reaktion darauf erließ die Regierung von Oberbayern am 6.10.1995 einen Widerspruchsbescheid, in welchem der Widerspruch zurückgewiesen wurde und der Stadt München die Kosten des Widerspruchsverfahrens angelastet wurden. Hiergegen hat nun die Stadt München Klage beim Bayerischen Verwaltungsgericht München erhoben und diese mit Schreiben vom 26.9.1996 begründet. Die Gründe für eine Abweisung der Klage wurden daraufhin in einem Brief der Landesanwaltschaft Bayern, Außenstelle München, mit Datum vom 15.7.1997 dem Bayerischen Verwaltungsgericht dargelegt.

Ausgangspunkt der Argumentation der Regierung von Oberbayern ist die Feststellung: "(...) die Übertragung ausländer- und asylrechtlicher Zuständigkeiten vom Kreisverwaltungsreferat auf das Flüchtlingsamt beim Sozialreferat ist mit dem geltenden Recht unvereinbar; daher ist der Be-

[367] Gemäß Art 112 Satz 1und Art. 113 i.V.m. Art 110 Satz 2 BayGO kann die zuständige Rechtsaufsichtsbehörde rechtswidrige Beschlüsse der Gemeinde beanstanden und deren Aufhebung oder Änderung verlangen.

anstandungsbescheid rechtmäßig und verletzt die Landeshauptstadt nicht in ihren Rechten"[368].

In der weiteren Argumentation macht die Regierung von Oberbayern in der Hauptsache Verstösse gegen Art. 56 Abs.1/BayGO, Art. 56 Abs.2/BayGO und Art. 61 Abs.2 Satz1/BayGO geltend und führt zudem zahlreiche Beispiele an, die aufzeigen sollen, daß es sich bei den Umorganisationsplänen der Stadt München um "ein widersprüchliches und unausgereiftes Organisationsmodell mit höchst nachteiligen Auswirkungen auf den Geschäftsbetrieb handelt"[369]. Einen wesentlichen Rechtsverstoß sieht die Regierung von Oberbayern in der Tatsache begründet, "(...) daß die beabsichtigte Neuorganisation zumindest bei den Asylbewerbern zu erheblichen Verfahrensverzögerungen, zur Verlängerung der Aufenthalte und zur Zunahme von Fällen unberechtigter Inanspruchnahme staatlicher Leistungen führen würde"[370] und damit ein Verstoß gegen das Asylverfahrensgesetz, das insbesondere die Beschleunigung und Straffung asylrechtlicher Verfahren zum Ziel habe, vorliege. Desweiteren meint die Regierung in der vorgesehenen Regelung ein Zuwiderhandeln gegen jene gesetzlichen Bestimmungen erkennen zu können, die die Stadt München dazu verpflichten, für den ordnungsgemäßen Gang der Geschäfte zu sorgen und die dafür erforderlichen Einrichtungen zu schaffen. Daher kommt es nach dem Dafürhalten der Regierung von Oberbayern durch ihren Bescheid nicht zu einem Eingriff in das Selbstverwaltungsrecht und die Organisationshoheit der Stadt München.[371]

Zudem wird nach Ansicht der Rechtsaufsichtsbehörde durch diesen Stadtratsbeschluß der "jeweils zustehende Entscheidungsspielraum eindeutig überschritten (...). Derartige Organisationsmaßnahmen sind (...) mit den Grundsätzen sparsamen und wirtschaftlichen Verwaltungshandelns unvereinbar und müssen rechtsaufsichtlich unterbunden werden".[372]

Neben den angeführten Gesetzesverstößen läßt der dem Widerspruchsbescheid zugrundeliegender Tenor die Befürchtung der Regierung von Oberbayern erkennen, durch unklare Zuständigkeiten werde es z.B. im Fall der Bürgerkriegsflüchtlinge zu Verzögerungen und Bearbeitungser-

---

[368] Widerspruchsbescheid der Regierung von Oberbayern vom 6.10.1995 bzgl. des Vollzugs des Ausländer- und Asylrechts und der Übertragung ausländer- und asylrechtlicher Zuständigkeiten innerhalb der Verwaltung der Landeshauptstadt München, S. 4.

[369] Ebenda, S. 6.

[370] Ebenda, S. 4.

[371] Vgl. ebenda, S. 5.

[372] Ebenda, S. 10.

schwernissen kommen, da Verfahren in dieser Anzahl auf die von der Stadt München vorgesehenen Weise nicht zügig abgewickelt werden könnten.[373]

Die Landeshauptstadt München sieht hingegen die Unzulässigkeit von Bescheid und Widerspruchsbescheid dadurch gegeben, daß ein Verstoß der Stadt München gegen die von der Rechtsaufsichtsbehörde vorgebrachten Vorschriften von Art. 56 Abs. 1, Abs. 2 und Art. 61 Abs. 2 BayGO ihrer Ansicht nach nicht vorliegt. Im einzelnen wird dies so begründet:
Da im Bescheid der Regierung von Oberbayern vom 29.11.1994/ 31.1.1995 kein einziger Paragraph des Asylverfahrensgesetz vom 30.6.1993 (BGBl I, S. 1062) angeführt wird, gegen den die Beschlüsse der Stadt München möglicherweise verstoßen haben, ist auch ein Verstoß gegen Art. 56 Abs. 1 BayGO nicht gegeben. Der Sinn und Zweck des Asylverfahrensgesetzes ist die Beschleunigung und Straffung asylrechtlicher Verfahren. Dies geschieht durch materiell- und verwaltungsverfahrensrechtliche Regelungen. Da dieses Gesetz bei der Zuständigkeit der Ausländerbehörden keine Änderung gegenüber der früheren Rechtslage mit sich bringt und auch die innere Organisationsstruktur der Ausländerbehörde unberührt bleibt[374], folgert die Stadt München: "Aus dem Gesetz läßt es sich deshalb im Wege der Auslegung nicht entnehmen, daß die Wahrnehmung der ausländer- und asylrechtlichen Aufgaben rechtlich zwingend durch eine Einheitssachbearbeitung zu geschehen hätte. Dies wäre aber Voraussetzung dafür, daß die Errichtung eines Flüchtlingsamtes durch die Stadt München rechtsaufsichtlich beanstandet werden könnte. Der Stadtratsbeschluß, wonach die Aufgaben auf dem Gebiete des Asylrechts in Zukunft von dem Kreisverwaltungsreferat und dem Flüchtlingsamt kooperativ wahrgenommen werden sollen, verstößt daher nicht gegen das neue Asylverfahrensrecht und damit auch nicht gegen Art. 56. Abs.1 BayGO"[375].
Hier kommt das Interesse der Stadt München zum Ausdruck, sich von einem Verständnis des Art. 56 Abs.1 und 2 BayGO im Zusammenhang mit dem Asylverfahrensgesetz zu distanzieren, das die der Gemeinde zugewiesenen Aufgaben und Kompetenzen unter dem alleinigen Ge-

---

[373] Vgl. ebenda, S. 9.

[374] Die Gesetzesnovelle vom 30.6.1993 stellt keine grundsätzliche Neuregelung des Verfahrensrechtes dar, vielmehr baut sie im wesentlichen auf den Regelungen des Asylverfahrensgesetzes vom 26.6.1992 (BGBl I S. 1126) auf.

[375] Widerspruchsbegründung der Landeshauptstadt München vom 3.5.1995 gegen den Bescheid der Regierung von Oberbayern vom 29.11.1994 und den Ergänzungsbescheid vom 31.1.1995, S. 3.

sichtspunkt der Verfahrensbeschleunigung und -straffung sieht und nicht berücksichtigt, daß es sich z.B. im Falle des Asylverfahrensgesetz um ein Gesetz zur inhaltlichen Ausgestaltung eines Grundrechtes handelt.[376] Das Ziel bei der Umsetzung des Asylverfahrensgesetz kann daher nicht die Einschränkung eines Grundrechtes auf Asyl sein, sondern im Gegenteil seine Stärkung durch Schaffung verfahrensrechtlicher Regelungen, die einen Mißbrauch dieses Grundrechtes ausschließen.[377] Die Stadt München kommt in ihrer Argumentation zu dem Schluß, daß "unter diesem Gesichtspunkt sowohl der Frage, durch welche organisatorische Regelungen ein humaner und menschenwürdiger Vollzug der asylverfahrensrechtlichen Bestimmungen optimal gewährleistet ist, als auch bei der Auslegung des Gesetzes und der Schaffung der für seinen Vollzug erforderlichen Einrichtungen eine mitentscheidende Bedeutung zukommt"[378]. Auf der Basis dieser Sichtweise hat der Stadtrat der Landeshauptsstadt München die Einrichtung eines dem Sozialreferat zugeordneten Flüchtlingsamtes beschlossen, "...das - unter besonderer Wahrnehmung der sozialen Aspekte - zusammen mit dem Kreisverwaltungsreferat, das schwerpunktmäßig für sicherheitsrechtliche Belange zuständig ist, gemeinsam den Vollzug des Asylverfahrensrechtes sicherstellen soll".[379]

Gemäß der Gemeindeordnung Art. 56 Abs. 2 BayGO verfügt die Gemeinde bei der Sorge für den ordnungsgemäßen Gang der Geschäfte und der Schaffung der dafür erforderlichen Einrichtungen über einen Gestaltungsspielraum, welcher laut einem Gutachten des Personal- und Organisationsreferats der Stadt München vom 15.11.1994 durch die Gründung eines kommunalen Amtes für Flüchtlinge in rechtlicher Hinsicht nicht überschritten werde.[380] Zwar räumt das Personal- und Organisationsreferat hinsichtlich der Zweckmäßigkeit einer solchen Maßnahme Zweifel ein, da es zu Verzögerungen der Verwaltungsabläufe führen

---

[376] "Das vom Gesetzgeber angestrebte Gleichgewicht zwischen Verfahrensbeschleunigung und Effizienz einerseits und materieller Gerechtigkeit und Fürsorge andererseits würde zerstört, wenn man nur eine der Maximen - hier die Verfahrensbeschleunigung - als maßgeblich ansehen wollte und diese Maxime als leitende für jegliche Verwaltungspraxis behauptet", Klagebegründung von H. Heinhold in der Verwaltungsstreitsache Landeshauptstadt München gegen Freistaat Bayern wegen Übertragung ausländer- und asylrechtlicher Zuständigkeiten vom 26.9.1996, S. 5.

[377] Vgl. Widerspruchsbegründung der Landeshauptstadt München, S. 9.

[378] Vgl. ebenda, S. 9.

[379] Vgl. ebenda, S. 9.

[380] Vgl. ebenda, S. 4/5.

könnte. Es stellt jedoch eindeutig fest, "...daß diese Frage innerhalb der politischen Entscheidungskompetenz und damit der gemeindlichen Organisationshoheit liegt und demgemäß rechtsaufsichtlich nicht beanstandet werden kann"[381].
Auf der Grundlage dieser Aussagen sieht sich die Stadt München durch den Bescheid der Regierung von Oberbayern in einem Kernbereich der Selbstverwaltung[382], der Organisationshoheit beschränkt und in ihren Rechten verletzt.
Sehr deutlich kommt der Widerspruch der Stadt München zum Ausdruck, wenn sie den Vorwurf der Regierung bestreitet, sie verstoße mit ihrem Stadtratsbeschluß gegen das in Art. 61 Abs. 2 BayGO normierte Gebot der Sparsamkeit und Wirtschaftlichkeit.[383] Da es sich bei den Begriffen "Sparsamkeit" und "Wirtschaftlichkeit" um zu interpretierende normative Begriffe handelt, kommt ein rechtsaufsichtliches Einschreiten nur dann in Betracht, wenn die Gemeinde den ihr zustehenden Entscheidungsspielraum in nicht mehr zu vertretender Weise überschritten hat.[384] Dies, so die Stadt München, "läßt sich nachweisbar erst nach der Errichtung des Flüchtlingsamtes feststellen"[385]. Hinzu kommt, daß eine Abwägung im Sinne der Sparsamkeit und Wirtschaftlichkeit der Haushaltswirtschaft auch die mit der Schaffung des Flüchtlingsamtes verbundenen organisatorischen Vorteile sowie die bessere soziale Betreuung der Asylbewerber beinhalten muß. Nach Meinung der Stadt München setzt ein Verstoß gegen Art. 61 Abs. 2 BayGO voraus, daß die Rechtsaufsichtsbehörde nachweisen kann, daß diese Vorteile auch ohne Einrichtung des Flüchtlingsamtes kostengünstiger und genauso gut erreicht werden könnten.[386]

Im Ergebnis sieht sich die Stadt München in ihrem Selbstverwaltungsrecht durch die Tatsache verletzt, daß die zuständige Rechtsaufsichtsbehörde Rechtsnormen, die der Gemeinde einen Gestaltungsspielraum eröffnen, so auslegt, "..daß dadurch im Gewande der Rechtsaufsicht eine Zweckmäßigkeitsüberprüfung gemeindlichen Handelns ermöglicht wird. Damit unternimmt die Aufsichtsbehörde den Versuch, die Rechtsaufsicht zu einer faktischen Fachaufsicht zu verdichten, ein Verfahren,

[381] Vgl. ebenda, S. 5.

[382] Vgl. BayVerfGH, NVwZ 1995, 823.

[383] Vgl. Widerspruchsbescheid der Regierung von Oberbayern, S. 10.

[384] Ein Eingriff ist erst dann möglich, wenn das gemeindliche Handeln mit den Grundsätzen vernünftigen Wirtschaftens schlechthin unvereinbar ist. Vgl. BayVGH, BayVBl 1992, 628.

[385] Vgl. Widerspruchsbegründung der Landeshauptstadt München, S.10.

[386] Vgl. ebenda, S. 12.

das von dem Bundesverfassungsgericht als verfassungsrechtlich unzulässige "Einmischungsaufsicht" bezeichnet wird"[387].

III.2. Die Praxis - oder wie die Stadt München den ihr zur Verfügung stehenden Handlungspielraum zu nutzen verstand bzw. zu nutzen verzichtete

III.2.1. Darstellung der institutionellen und politischen Praxis

Zwar kann die institutionelle Austattung der Stadt München auf dem Gebiet der Flüchtlingspolitik als beispielhaft und sehr vielfältig bezeichnet werden, doch fällt die Bilanz weniger positiv aus, wenn es um die Frage der Effizienz und der nachhaltigen Unterstützung dieser Institutionen durch die Kommune geht.
Als ein Beispiel mag der "Runde Tisch" der Stadt München dienen, welcher von der Stadt München einberufen, viele maßgebliche und kompetente auf dem Gebiet der Flüchtlingspolitik tätige Personen zusammenführend und unter Beteiligung des Büros des 3. Bürgermeisters der Stadt München stattfindend kaum jemals eine konkrete Wirkung erzielen konnte, die über einen bloßen Erfahrungsaustausch hinausgeht.[388]

Was das Flüchtlingsamt der Stadt München anbelangt, so gehen die Beurteilungen bezüglich seiner Effizienz weit auseinander. Von "halbherziger" Entscheidung - bezogen auf das strukturelle Verhältnis und die Kompetenzverteilung zwischen Kreisverwaltungs- und Sozialreferat - , über "Alibibehörde" im Sinne von vorbildlicher institutioneller Ausstattung der Landeshauptstadt bei fehlendem substantiellem Engagement für Flüchtlinge, bis hin zur euphorischen Betrachtung der Flüchtlingsamtsgründung als einem Akt "kommunaler Außenpolitik" reichen die Einschätzungen je nach politischer Couleur. Ohne ein abschließendes Urteil in der Sache dieser differierenden Ansichten zu fällen, soll hier beispielhaft ein Problem der institutionellen Praxis am Beispiel des Flüchtlingsamtes erwähnt werden: die für eine effektive Flüchtlingsbetreuung unverzichtbare Zusammenarbeit zwischen dem Kreisverwaltungsreferat und dem Flüchtlingsamt. Unverzichtbar deshalb, da in vielen Fällen ausländerrechtliche Fragen ein wichtiger Bestandteil der Lösung von individuellen Flüchtlingsproblemen sind und sie sind es noch vielmehr

[387] Vgl. ebenda, S. 14, vgl. auch BVerfG, NVwZ 1989, 45 und BVerfGE 78, 331/342.
[388] Vgl. Interview mit Rudolf Brettmeister vom 17.11.1997.

dann, wenn es darum geht, Regelungen für ganze Gruppen von Flüchtlingen zu finden.[389]
Da eine grundlegende Konfliktlinie zwischen dem für die sozialen Aspekte des Ausländerrechtes zuständige Sozialreferat und dem die rechtlichen Teile des Ausländergesetzes vollziehenden KVR verläuft, war eine Zusammenarbeit zwischen der Leitung des Flüchtlingsamtes und der des Kreisverwaltungsreferates in der Vergangenheit starken Spannungen ausgesetzt und insofern zeitweise nicht vorhanden.[390]
Zwar scheint der Austausch zwischen einzelnen Abteilungen oder Mitarbeitern des Kreisverwaltungsreferates und des Flüchtlingsamtes unkomplizierter zu funktionieren[391], doch kann die unbürokratische Lösung diverser Einzelfälle nicht den jahrelang bestehenden schwerwiegenden Mißstand der de facto nicht existenten Zusammenarbeit beider Behörden ausgleichen.
Ungeachtet dieser teilweise strukurell bedingten, in der Mehrzahl der Fälle jedoch politisch motivierten Friktionen im Umfeld des neugegründeten Flüchtlingsamtes, kann das Flüchtlingsamt auf eine beachtliche Anzahl erbrachter Leistungen und Erfolge zurückblicken:

- Ungefähr 3000 Menschen, die ansonsten in Sammelunterkünften untergebracht worden wären, konnten in Wohnungen oder vergleichbaren abgeschlossenen Wohneinheiten untergebracht werden, wodurch eine Privatsphäre für die Flüchtlinge garantiert war;[392]
- Bis zum aktuellen Zeitpunkt kommt es im Rahmen der Umsetzung des Asylbewerberleistungsgesetzes durch die Stadt München in

[389] Die Kompetenz der Ausländerbehörde betreffend vgl. Hofmann, Rainer, M./Schreiber, Ulrich, "Rechtliche Verpflichtungen und Möglichkeiten der Ausländerbehörde, von der Abschiebung eines Ausländer Abstand zu nehmen", Rechtsgutachten, Düren 1997.

[390] So wurde vom Leiter des Flüchtlingsamtes Wolfgang Kurreck auf die Tatsache hingewiesen, daß dem Flüchtlingsamt vom KVR die rechtlichen Grundlagen - z.B. Schreiben des bayerischen Innenministeriums - vorenthalten wurden und Gespräche zwischen dem KVR und dem Flüchtlingsamt bisweilen nur auf Anweisung des Oberbürgermeisters stattfinden konnten. Vgl. Interview-Aussagen, die dem Verfasser vorliegen. Siehe dazu auch das Schreiben von Oberbürgermeister Ude vom 18.04.1997, in welchem er die Wiederaufnahme der regelmäßigen Dienstbesprechungen zwischen dem Ausländeramt und dem Flüchtlingsamt anordnet.

[391] Vgl. Interview vom 4.3.1998 mit Hermann Thoss, stellvertretender Leiter des Flüchtlingsamtes der Landeshauptstadt München.

[392] Vgl. Interview vom 15.12.1997 mit Wolfgang Kurreck, Leiter des Flüchtlingsamtes der Landeshauptstadt München.

der Mehrzahl der Fälle zur Erteilung von Geld- anstelle von Sachleistungen;[393]

- Durch die Einrichtung eines Büros für Rückkehrhilfen und -beratung konnte einer großen Anzahl von Flüchtlingen konkrete Hilfe in Form von Beratung, Kontakten oder materieller Unterstützung geleistet werden;[394]

- Finanzielle und materielle Hilfeleistung für die Flüchtlinge durch Spendenaktionen und zahlreiche Transporte nach Bosnien/Projektunterstützungen vor Ort;

- Unterstützung der Flüchtlinge durch qualifizierte Betreuungsangebote in den Gemeinschaftsunterkünften und durch den Versuch einer Einbindung in die jeweiligen Stadtteile.[395]

Die politische Praxis der Stadt München in Verbindung mit dem Thema "kommunale Flüchtlingspolitik" kann entlang der in den Stadtrat eingebrachten Anfragen, Entwürfe und Anträge und den davon ausgehenden Beschlüssen des Stadtrates nachgezeichnet werden.
Die Grundlage für die Entfaltung des gesamten Themas ist der am 30.11./2.12.1993 erfolgte Stadtratsbeschluß zur Gründung des Flüchtlingsamtes, der bisher nicht komplett umgesetzt wurde, da ein wesentlicher Teil desselben, nämlich die Übertragung der ausländerrechtlichen Kompetenzen vom KVR zum Flüchtlingsamt, von der Regierung von Oberbayern auf gerichtlichem Wege angefochten wird. Hier ist jedoch von Seite der Stadtspitze auch kein erkennbares Interesse vorhanden, diesen Prozeß vor dem Verwaltungsgericht München voranzutreiben, zumal sich die Fraktion der SPD und auch der Oberbürgermeister vom

---

[393] "Diese Praxis wird hinsichtlich ihrer gesetzlichen Zulässigkeit derzeit durch die Regierung von Oberbayern überprüft. Theoretisch könnte es zu einer Weisung durch die Regierung von Oberbayern kommen, wodurch der Landeshauptstadt München diese Praxis untersagt würde. Es ist jedoch wahrscheinlicher, daß durch die vom Bundesrat geplante Neufassung des Asylbewerberleistungsrechtes ohnehin die gesamten Leistungen verändert bzw. schlicht abgeschafft werden." Entnommen einem am 4.3.1998 geführten Interview mit Hermann Thoss, stellvertretender Leiter des Flüchtlingsamtes der Landeshauptstadt München.

[394] Vgl. Interview vom 12.1.1998 mit Marion Lich, Leiterin des Büros für Rückkehrhilfen und Rückkehrberatung im Flüchtlingsamt der Stadt München.

[395] Vgl. „Bericht des Flüchtlingsamtes“, München, 1997, S. 90-94.

Wechsel in der Leitung des KVR zum 1.7.1998 eine grundsätzliche Änderung innerhalb der Ausländerpolitik erhoffen.[396]

Nachdem durch den Friedensvertrag von Dayton und die unmittelbar danach in Gang gesetzte Rückführungspolitik der IMK ein erhöhter Handlungsbedarf entstanden war, kam es am 18.9.1996 zum Antrag Nr. 177 der Stadtratsfraktion Die GRÜNEN/Rosa Liste zur Frage der Rückführung der bosnischen Flüchtlinge. Im wesentlichen sollte unter der Federführung des Flüchtlingsamtes ein sogenannter "Münchner Weg" innerhalb der bundesdeutschen Rückführungspolitik entwickelt werden, der eine sichere, freiwillige und wohlorganisierte Rückkehr anstelle einer Vertreibung ins Ungewisse garantieren sollte. In der Folge der vom Stadtrat in der Vollversammlung vom 09.10.1996 getroffenen Entscheidung, die Rückführung nach den Vorgaben des Bayerischen Innenministeriums zu gestalten, entstand der Antrag Nr. 166 des Münchner Ausländerbeirats vom 21.10.1996 bezüglich der Einrichtung einer Härtefallkommission für bosnische Flüchtlinge. Beide Anträge (Nr. 177 und 166) wurden in der gemeinsamen Sitzung des Sozialausschusses und des Kreisverwaltungsausschusses vom 6.3.1997 behandelt und mündete in den Auftrag an den Oberbürgermeister, eine Arbeitsgruppe - bestehend aus Vertretungen der AusländerInnenbeauftragten, des Ausländerbeirates, des Kreisverwaltungs- und des Sozialreferates - einzuberufen, sofern bisher nicht erkannte Gruppen von Härtefällen entstehen sollten.[397] Zudem wurde das Sozialreferat beauftragt, alle vorhandenen Möglichkeiten zu nützen, die eine humane Rückführung der Flüchtlinge erleichterten und der Stadt München die Aufgabe übertragen, die von der Europäischen Union gewünschte Koordinationsrolle der Kommune bei den Aktivitäten und Projekten vor Ort zu übernehmen.[398] Im Zuge der Beratungen über die Frage der humanen Rückführung der Flüchtlinge wurde nochmals betont, daß der Oberbürgermeister zwar gebeten werde, vom Innenministerium eine Genehmigung für die spezifischen Maßnahmen des Münchner Wegs zu erhalten, alle sonstigen Bemühungen um eine humane Rückführung der Flüchtlinge jedoch ausschließlich Aufgaben betreffen, über die die Stadt München selbst befinden kann.[399]

[396] Dies ist die einhellige Meinung, die in den vom Verfasser geführten Interviews mit verschiedensten Politikern (S. Benker) und Vertretern der Landeshauptstadt München (T. Böhle, R. Brettmeister, W. Kurreck) zum Ausdruck gebracht worden ist.

[397] Vgl. Landeshauptstadt München, Beschluß in der gemeinsamen Sitzung des Sozialausschusses und des Kreisverwaltungsausschusses vom 06.03.1997 (SB), S. 10a.

[398] Vgl. ebenda.

[399] Vgl. ebenda, S. 7/8.

Um eine realistische Einschätzung der Machtverhältnisse und der verschiedenen Interessen innerhalb des Münchner Stadtrates zu gewinnen, ist es von Bedeutung, daß dieser Beschluß zur humanen Rückführung nur dadurch zustandekam, daß Bündnis90/DIE GRÜNEN den weiteren Bestand der Koalition von der Verabschiedung dieses Beschlußes abhängig machte.[400]

Im Zusammenhang mit diesem Beschluß fand am 17.3.1997 ein gemeinsames Pressegespräch von Sozialreferent Graffe und dem Leiter des Flüchtlingsamtes Kurreck statt, in dessen Verlauf klargestellt wurde, daß die bayerische Landeshauptstadt München bestrebt sei, alles zu tun, um die Rückkehr der Flüchtlinge sozialverträglich zu gestalten. Ohne Zweifel daran aufkommen zu lassen, daß der überwiegende Teil der Flüchtlinge in die Heimat zurückgeführt werden wird, gelte es die Rückkehr so zu gestalten, daß sie sich nicht kontraproduktiv auf den fragilen Friedensprozess auswirke.[401]

Im Mai 1997 erfolgten zwei Initiativen innerhalb des Münchner Rathauses, beide durch Bündnis90/DIE GRÜNEN und die rosa liste münchen. Zunächst kam es am 9.5.1997 zur Anfrage an Oberbürgermeister Ude, in der nochmals im Einklang mit dem Stadtratsbeschluß von 1994 auf die Dringlichkeit einer Zuständigkeitsänderung im Bereich des Ausländerrechtes hingewiesen wird und die zugleich Auskunft über den aktuellen Stand in dieser Sache einfordert.[402] Nach Aussage von Stadtrat Benker erfolgte darauf eine Antwort, welche die Verzögerungen bei der Komplettierung des Flüchtlingsamtes nur unbefriedigend erklären konnte.[403]

Der von Bündnis90/DIE GRÜNEN zur Sitzung der Vollversammlung am 14.5.1997 gestellte Dringlichkeitsantrag Nr. 456 zur Nutzung der kommunalen Spielräume unterstellt der Stadt München, die bestehenden Spielräume nicht wahrgenommen zu haben. Die möglichen Spielräume sieht der Antrag hauptsächlich in einer besseren Zusammenarbeit zwischen dem Kreisverwaltungsreferat und dem Flüchtlingsamt. Zugleich wurden KVR und Sozialreferat im vorliegenden Dringlichkeitsantrag aufgefordert, die Vorlage für einen Stufenplan zur sozialen und humanen Rückführung der bosnischen Flüchtlinge zu erstellen. Diese Vorlagen erfolgten für die gemeinsame Sitzung des Kreisverwaltungs- und Sozialausschusses am 1.7.1997 und führten zu einer Eskalation in der Auseinandersetzung zwischen dem Kreisverwaltungsreferenten Hans-Peter Uhl

[400] Vgl. Interview mit Siegried Benker vom 25.2.1998.

[401] Vgl. den Text des Pressegespräches vom 17.3.1997 von Sozialreferent Graffe zur Rückkehr der bosnischen Flüchtlinge, S. 2.

[402] Vgl. die Anfrage von Bündnis90/DIE GRÜNEN und rosa liste münchen, "Wann endlich wird das Flüchtlingsamt komplett ?", vom 9.5.1997.

[403] Vgl. Interview mit S. Benker vom 25.2.1997.

und dem Sozialreferenten Friedrich Graffe[404] um die "Flüchtlingspolitik" der Stadt München. Der KV-Referent Uhl wird forderte, den vom Sozialreferat entwickelten Stufenplan wegen Rechtswidrigkeit abzulehnen, da es einen Münchner Sonderweg bei der Rückführung von Bürgerkriegsflüchtlingen aufgrund staatlicher Vorgaben nicht geben könne.[405] Besonderen Nachdruck verlieh Uhl seiner Forderung durch eine von ihm schon im Vorfeld veranlaßte Überprüfung der Sozialreferatsvorschläge durch das Bayerische Innenministerium.[406] Diese "innenministeriellen Hinweise"[407] vom 24.6.1997 kommen zu dem Schluß, daß die Vorschläge aus dem Sozialreferat zur Ausarbeitung eines Stufenplans zur sozialen und humanen Rückführung der bosnischen Flüchtlinge gegen geltendes Ausländerrecht verstoßen, da gemäß den IMK-Beschlüssen für eigene Regelungen durch die Landeshauptstadt München kein Raum ist.[408] Daraufhin wurde der ursprüngliche Antrag des Sozialreferenten dahingehend verändert, daß der Ausländerbehörde Vorschläge zur Erarbeitung eines Kriterienkataloges unterbreitet wurden, der Oberbürgermeister vom Stadtrat gebeten wurde in dieser Angelegenheit an den Bayerischen Innenminister bzw. die IMK zu appellieren und alle rechtlichen Möglichkeiten auszuschöpfen, um den vorläufigen Rechtsschutz von bosnischen Flüchtlingen zu gewährleisten.[409] Dieser Änderungsantrag wurde von den Fraktionen der SPD und Bündnis90/DIE GRÜNEN/rosa liste für die gemeinsame Sitzung des Kreisverwaltungs und Sozialausschusses am 1.7.1997 eingebracht und daraufhin mehrheitlich angenommen.

---

[404] Die Auseinandersetzung gipfelte in der vom Kreisverwaltungsreferenten Uhl schriftlich vorgelegten Feststellung, daß in diesem Fall "ein unzuständiger Referent vom unzuständigen Ausschuß rechtswidrige Beschlüsse verlangt" und daher der "Oberbürgermeister Ude gefordert ist, den Sozialreferenten dazu anzuhalten, sich wieder seinen eigenen Aufgaben zuzuwenden und auf den rechten Weg einer korrekten und vernünftigen Zusammenarbeit in der Stadtverwaltung zurückzukehren." Vgl. Beschluß des Kreisverwaltungsausschusses in der gemeinsamen Sitzung mit dem Sozialausschuß am 1.7.1997, S. 2.

[405] Vgl. ebenda, S. 4.

[406] Die Rechtmäßigkeit dieser Vorgehensweise, unter Beachtung der in der Allgemeinen Geschäftsanweisung der Landeshauptstadt München (AGAM) vorgesehenen Regelung des Dienstweges, darf bezweifelt werden. Vgl. Interviews mit Dr. Thomas Böhle vom 8.1.1998 und Rudolf Brettmeister vom 17.11.1997.

[407] Schreiben des Bayerischen Staatsministerium des Innern an das Kreisverwaltungsreferat der Landeshauptstadt München vom 24.6.1997, S. 1.

[408] Vgl. ebenda, S. 3.

[409] Vgl. Änderungsantrag von SPD-Fraktion und Fraktion Bündnis90/DIE GRÜNEN/rosa liste für den Kreisverwaltungsausschuß in der gemeinsamen Sitzung des Kreisverwaltungs- und Sozialausschusses am 1.7.1997.

Nachdem Bedenken laut geworden waren, eine Änderung am bestehenden Münchner Betreuungsmodell stelle eine Gefahr für die Flüchtlingsarbeit und das Zusammenleben in der Stadt dar[410], wurde im November 1997 vom Münchner Stadtrat ein neues Münchner Modell zur Flüchtlingsbetreuung verabschiedet[411]. Dieses sieht zwar vor, an einer Rund-um-die-Uhr-Betreuung in den städtischen Flüchtlingsunterkünften festzuhalten, jedoch nur mit einem und nicht wie bislang mit zwei Betreuern.[412] Dadurch sollen Einsparungen in Höhe von 2,2 Mio DM erfolgen, ohne daß es zu Abstrichen bei der qualitativen Betreuung oder zu einer Absenkung der Sicherheitsstandards kommt.[413]
Am 10.12.1997 kam es im Zuge der Neubesetzung von neun Referentenposten der Stadt München zur Abwahl von Hans-Peter Uhl, dem bisherigen Kreisverwaltungsreferenten. Bei dieser Entscheidung war die zukünftige Gestaltung der städtischen Ausländer- und Flüchtlingspolitik von entscheidende Bedeutung.[414] Dies wurde kurz nach der Wahl vom designierten Kreisverwaltungsreferenten Wilfried Blume-Beyerle mit Nachdruck unterstrichen, als er für die Zukunft eine soziale und humane Ausländerpolitik ankündigte, bei der die vorhandenen Ermessensspielräume zugunsten des Ausländers genutzt werden sollen.[415]

Unabhängig von der oben aufgezeigten politischen Praxis der Stadt München in Form von Stadtratsanträgen, -beschlüssen oder Petitionen des Oberbürgermeisters stellt sich auch die Frage nach der öffentlichkeitswirksamen Aufbereitung dieser Anstrengungen. Thomas Böhle, derzeit Direktoriumsmitglied und designierter Personalreferent der Stadt München, sieht den Grund für die unbefriedigende Presseresonanz der von der Stadt München auf dem Gebiet der Flüchtlingspolitik erbrachten Leistung in einer lokalen Berichterstattung, die – so Böhle - gegenüber dem Thema Flüchtlinge/Flüchtlingspolitik mit deutlichen Vorbehalten agiere.[416] Gleichzeitig räumt er ein, daß Überlegungen wahltaktischer Art

[410] Vgl. "Wachleute statt Betreuer", SZ am 14.11.1997, S. 45.
[411] Vgl. "Neukonzeption für die Betreuung in den städtischen Gemeinschaftsunterkünften für Flüchtlinge", Beschluß des Sozialausschusses vom 27.11.1997 und die zugehörigen Änderungsanträge der SPD-Stadtratsfraktion und der Fraktion Bündnis90/DIE GRÜNEN/rosa liste.
[412] Vgl. "Stadt spart bei Flüchtlingsbetreuung", SZ am 1.12.1997, S. 39.
[413] Vgl. "Neukonzeption für die Betreuung in den städtischen...", Beschluß des Sozialausschusses vom 27.11.1997.
[414] Vgl. "Flurbereinigung im Rathaus", "Rot-Grün setzt sich neunmal durch", "Nur einmal konnte die CSU lachen", SZ am 11.12.1997, S. 49/50.
[415] Vgl. "Mehr Toleranz und Liberalität", SZ am 19.12.1997.
[416] Vgl. Interview mit Dr. Thomas Böhle vom 8.1.1998.

seitens des Oberbürgermeisters in diesem Kontext durchaus von Bedeutung sind.[417]
In den Überlegungen Siegfried Benkers, Fraktionssprecher der Stadtratsfraktion von Bündnis90/DIE GRÜNEN, ist die zurückhaltende Pressearbeit der Stadt München Teil einer Strategie, die es sich zum Ziel gemacht hat, mit sachlicher Arbeit abseits des öffentlichen Blickpunktes mehr für die Flüchtlinge erreichen zu können, als sich in eine Auseinandersetzung mit populistisch-verkürzten Darstellungen zu begeben.[418]
So bezog die Stadt München in einer offiziellen Stellungnahme selten so klar Position für eine engagierte und verantwortungsvolle kommunale Flüchtlingspolitik, wie sie es in der Beilage des Münchner Stadtanzeigers "Die Stadt informiert" vom 7.8.1997 tat. Besonders deutlich äußerte sich dort Sozialreferent Friedrich Graffe: "Das Schicksal der einzelnen Flüchtlingsfamilie darf nicht in unserem Wunsch einer zügigen Rückführung untergehen. Die Verantwortung für Menschen, die aus größter Not zu uns gekommen sind, endet nicht an der Stadtgrenze"[419].

III.2.2. Beispielhafte Darstellung der Behördenpraxis

III.2.2.1. Die Praxis der Stadt München am Beispiel der Ausreisefristverlängerungen und der Ausgabe von Grenzübertrittsbescheinigungen

Eine sehr wichtige Frage stellt die Problematik der rechtlichen Grundlage dar, auf welcher die Münchner Ausländerbehörde bezüglich der bosnischen Kriegsflüchtlinge tätig ist, und inwieweit hier, wenn Ermessensspielräume einer willkürlichen Auslegung unterliegen, möglicherweise auch ein der "öffentlichen Kontrolle entzogenes und unter dem Aspekt der Rechtsstaatlichkeit bedenkliches Verwaltungshandeln" vorliegt.[420]

---

[417] Vgl. ebenda.

[418] Vgl. Interview mit Siegfried Benker, Fraktionssprecher von Bündnis90/DIE GRÜNEN. Hierbei bezieht sich Benker sich nicht nur auf die Erfahrungen der jahrelangen Auseinandersetzung mit dem CSU-Kreisverwaltungsreferenten Uhl um die Gestaltung einer humanen Flüchtlingspolitik, sondern er verweist explizit auch auf die Polarisierungen, die in München auf dem Gebiet der Flüchtlings- und Asylpolitik während der Amtszeit des SPD-Oberbürgermeisters Kronawitter stattfanden.

[419] Münchner Stadtanzeiger, „Die Stadt informiert“ vom 7.8.1997, S. 1.

[420] Äußerungen des Ombudsmannes R. Brettmeister im Verlauf des am 16.4.1997 im Münchner Rathaus tagenden "Runden Tisches" der Stadt München. Vgl. grundsätzlich hierzu: Schäfer, Ingeborg, E., "Demokratische Kontrolle der öffentlichen Verwaltung als Strategie", in: Die Verwaltung, 26. Band 1993, S. 39-55.

Konkret geht es um die bayerische Praxis[421], den bosnischen Kriegsflüchtlingen die weitere ausländerrechtliche Duldung zu verweigern, ohne sie tatsächlich abzuschieben, sondern ihnen lediglich eine sogenannte Grenzübertrittsbescheinigung auszustellen[422] und zudem immer wieder die Ausreisefrist zu verlängern. Rudolf Brettmeister sieht in dieser Praxis einen zügellosen Vollzug der Landeshauptstadt München.[423] Hinzu kommt, daß im Zusammenhang mit der Frage des weiteren aufenthaltsrechtlichen Status der Bürgerkriegsflüchtlinge in einigen Fällen Anträge gemäß § 80/5 VwGO durch das KVR unbeachtet blieben und somit die beim Verwaltungsgericht eingelegten Widersprüche der Betroffenen in Abschiebungsfällen keine aufschiebende Wirkung erzielten.[424] Konkret bedeutete dies: a.) Anträge auf Aufenthaltsverlängerung wurden nicht verlängert, b.) indem diesen Menschen ein legaler Aufenthaltstitel verweigert wurde, beförderte man sie bewußt in die Illegalität und c.) die Ausländerbehörde schaffte sich eine für Abschiebungen jederzeit "verfügbare Masse".[425]
Dieses an rechtsstaatlichen Maßstäben gemessen bedenkliche Handeln war schließlich auch Grundlage einer Entscheidung der 8. Kammer des Verwaltungsgerichts München, die dieser Vorgehensweise ein vorläufiges Ende bereitete und das Ausländeramt der Stadt München entgegen der Weisung des Bayerischen Innenministeriums dazu verpflichtete, den Bosniern eine Duldung zu erteilen.[426] In der Folge führte dies dazu, daß Oberbürgermeister Christian Ude öffentlich die Sorge äußerte, "seine Mitarbeiter im Ausländeramt könnten sich beim Vollzug staatlicher Anweisung strafbar machen"[427].

---

421 Daß diese Praxis der Fristverlängerung in anderen deutschen Bundesländern nicht praktiziert wird, bestätigt Hubert Heinhold, Sprecher des Republikanischen Anwaltsvereins. Vgl. SZ am 7.8.1997, S. 38.

422 Wobei diese Übung zum Teil noch dadurch übertroffen wird, daß den Menschen überhaupt keine Aufenthaltspapiere mehr gegeben werden. Dies ist dann der Fall, wenn die Ausreisefrist abgelaufen ist und das angerufene Gericht auch im einstweiligen Rechtsschutzverfahren noch nicht entschieden hat. Konkret bedeutet dies, daß diese Menschen keine Möglichkeit haben, im Falle einer Personenkontrolle ihre "De-Facto-Duldung" zu dokumentieren und darum ihre Festnahme die Regel ist. Vgl. Heinhold/Pro Asyl, "Recht für Flüchtlinge", S. 100.

423 Vgl. Interview mit R. Brettmeister vom 17.11.1997.

424 Vgl. die Anfrage der Stadtratsfraktion von Bündnis90/DIE GRÜNEN vom 10.4.1997 zur fraglichen Zerstörung des Rechtsschutzes für bosnische Flüchtlinge durch das KVR.

425 Vgl. die Äußerungen von R. Brettmeister, Runder Tisch vom 16.4.1997.

426 VerwG München Az.: M 8 K 97.3204, vgl. auch SZ am 6. 8. 1997, S. 33, "Rechtsbruch im Ausländeramt".

427 Vgl. SZ vom 13.8.1997, Seite 37, "Udes Fürsorge ‚scheinheilig‘ ".

Die Unterstützung dieser Gerichtsentscheidung durch den Münchner Oberbürgermeister Ude läßt zugleich jedoch die Frage aufkommen, wie, d.h. nach welchen Vorgaben und Kriterien, bis zum Zeitpunkt des Urteils der 8. Kammer des Münchner Verwaltungsgerichtes die Rechtstaatlichkeit des Verwaltungshandelns der eigenen Behörde auf dem Gebiet der Flüchtlingspolitik in München überprüft wurde und desweiteren, warum nicht schon früher die von vielen Seiten geäußerten Warnungen und Bedenken ernstgenommen wurden.[428] Unklar bleibt ebenso, warum dieses Urteil durch die Stadt München in der nächsten Instanz angefochten wird und somit diese für die betroffenen Flüchtlinge wichtige Entscheidung bisher nicht rechtskräftig werden konnte.
Bestünde seitens der Stadt München und bei Oberbürgermeister Ude tatsächlich Sorge um die Rechtmäßigkeit der hier angewandten Verwaltungsmethoden, so wäre eine Akzeptanz des Gerichtsurteils und eine Dienstanweisung durch den Oberbürgermeister mit der Folge der Änderung der Praxis des Ausländeramtes die logische Konsequenz. Da dies nicht geschehen ist, gibt es Anlaß zur Vermutung, daß die Stadt München die Kritik der Verwaltungsrichter der 8. Kammer an der Praxis des Münchner Ausländeramtes in diesem Fall nicht teilt.

III.2.2.2. Die Verpflichtungserklärungen gemäß §§ 14, 84 AuslG - Die Praxis der Stadt München

Nachdem im Mai 1992 die Visumspflicht für Personen aus Bosnien-Herzegowina eingeführt wurde, beschlossen die Innenminister der Länder auf der Konferenz vom 22.5.1992, daß Anträge auf Erteilung eines Visums nur dann ausgestellt werden sollten, wenn eine Vorabzustimmung der jeweiligen Ausländerbehörde bei der jeweiligen Landesvertretung in Zagreb oder Ljubliana vorlag.[429] Eine solche Vorabzustimmung wurde an in München wohnhafte Kontaktpersonen erteilt, wenn diese sich verpflichteten, Unterkunft und Verpflegung für die aufzunehmenden Bürgerkriegsflüchtlinge sicherzustellen.[430]

[428] Wie oben im Text dargelegt, erfolgten öffentliche Hinweise auf diese Problematik schon spätestens seit April 1997, d.h. über 4 Monate vor dem zitierten Gerichtsurteil.

[429] Vgl. Rittstieg, Helmut, "Grenzen der Verpflichtung nach § 84 AuslG", in: InfAuslR 2/94, S. 48.

[430] Vgl. "Bericht des Flüchtlingsamtes", März 1997, S. 28. Gemäß § 14 Abs.1 Satz 2 AuslG kann die Erteilung einer Aufenthaltsgenehmigung von dem Nachweis abhängig gemacht werden, daß ein anderer die Verpflichtung übernimmt, alle Kosten

Um Familienangehörigen, Verwandten oder Freunden die Ausreise aus dem Kriegsgebiet zu ermöglichen, gaben viele Einzelpersonen, aber auch Privatinitiativen oder Kirchengemeinden sogenannte Verpflichtungserklärungen gemäß § 84 AuslG ab, in welchen sie sich schriftlich und unwiderruflich gegenüber der Ausländerbehörde Münchens verpflichteten, die Kosten für den Lebensunterhalt der visumspflichtigen Personen für die Dauer ihres Aufenthaltes zu tragen. Da ein Ende des Krieges nicht absehbar war und die Versorgung die Mittel der Unterzeichner der Verpflichtungserklärung überstieg, waren mehr und mehr bosnische Bürgerkriegsflüchtlinge darauf angewiesen, öffentliche Hilfe in Anspruch zu nehmen, mit der Folge, daß die Stadt München die Unterzeichner auf Erstattung der aufgewendeten Mittel in Anspruch nahm. Dabei sind in München teilweise sehr hohe Forderungen aufgelaufen, die mehrere 10.000 DM betragen.[431] Schon früh hat der Ausländerrechtsexperte Rittstieg mit Bezug auf eine BVerfGE[432] darauf hingewiesen, daß diese Verpflichtungserklärungen, so sie inhaltlich oder zeitlich das zumutbare Maß überschreiten, sittenwidrig und gem. § 59 Abs.1 VwVfG i.V.m. §§ 138, 139 BGB teilnichtig sein können.[433] Hinzu kommt, was der Münchner Spezialist für Ausländerrecht Heinhold zu bedenken gibt, nämlich daß es im AuslG nicht vorgesehen ist, "daß auch die Erteilung einer Duldung gem. § 55 AuslG, wie sie den bosnischen Flüchtlingen regelmäßig, von ganz wenigen Ausnahmen abgesehen, erteilt wurde, von einer solchen Verpflichtungserklärung abhängig gemacht werden darf. Das wirft die Frage auf, ob die Verpflichtungserklärungen überhaupt Wirksamkeit entfalten, solange die Flüchtlinge nur eine Duldung erhalten"[434].

Im Juli 1996 waren gegen die Landeshauptstadt München neun Klagen beim Verwaltungsgericht München anhängig, mit denen die Kläger gegen die vom Flüchtlingsamt erstellten Erstattungsbescheide vorgehen.

---

für den Aufenthalt eines Ausländers .(...). zu übernehmen. Die Übernahme dieser Verpflichtung wird im einzelnen in § 84 AuslG ausgestaltet.

[431] Vgl. "Bericht des Flüchtlingsamtes", März 1997, S. 28.

[432] Vgl. BVerfG-Beschluß vom 19.10.1993, abgedruckt u.a. in: ZIP, 1993, 1775 ff.

[433] Vgl. Rittstieg, Helmut, "Die Gesetzgebung läuft dem Recht davon: Die Rechtslage der Flüchtlinge aus dem ehemaligen Jugoslawien", in: InfAuslR 7-8/94, S. 279-286, hier: S. 285 oder auch ders., "Grenzen der Verpflichtung nach § 84 AuslG", in: InfAuslR 2/94, S. 48/49.

[434] Heinhold, Hubert/Pro Asyl (Hrsg.), "Recht für Flüchtlinge", S. 139. Man könnte nämlich in der Erteilung einer Aufenthaltsbefugnis gegen Abgabe einer Verpflichtungserklärung einen gegenseitigen öffentlich-rechtlichen Vertrag sehen, bei dem die Ausländerbehörde, solange sie nur eine Duldung erteilt, ihren Teil der Leistung schuldig bleibt mit der Folge, daß derjenige, der eine Verpflichtungserklärung abgegeben hat, seine Gegenleistung verweigern darf. Ebenda, S. 139.

Nachdem diese z.T. durch die Verwaltungsgerichte aufgehoben wurden, legte die Stadt München Berufung beim Bayerischen Verwaltungsgerichtshof ein. Das das am 17. Juli 1997 ergangene Urteil des Bayerischen Verwaltungsgerichtshofes[435] befand die Praxis der Landeshauptstadt München, Erstattungsbescheide über die gesamte Aufenthaltsdauer der Flüchtlinge auszustellen für rechtswidrig. Dieses Urteil wäre von der Stadt München akzeptiert worden, jedoch erhob die Landesanwaltschaft Einspruch beim Bundesverwaltungsgericht.[436] Die verbliebenen gegen die Stadt München anhängigen Gerichtsverfahren ruhen derzeit in Zweiter Instanz. Dem Urteil des Bayerischen Verwaltungsgerichtshofes zufolge, sind die eingegangenen Verpflichtungserklärungen lediglich für die Dauer des Visums wirksam; demzufolge können Rückerstattungsforderungen seitens der Stadt München auch nur für diesen Zeitraum geltend gemacht werden.[437]
Zwar argumentiert das Flüchtlingsamt als die zuständige Behörde, daß Erstattungsbescheide derzeit nur insofern erlassen würden, als ein Erlöschen der Forderungen verhindert werden muß[438], doch verhindert das nicht die kritischen Fragen hinsichtlich der politischen Notwendigkeit der Einsprüche gegen die für die Flüchtlinge positiven Verwaltungsgerichtsurteile, die durch das BVG-Urteil nochmals bestätigt wurden.
Offen bleibt, ob es nicht ein eindeutiges politisches Signal der Kommune München gewesen wäre, wenn sie diese Gerichtsentscheidungen zu einem früheren Zeitpunkt akzeptiert hätte und daraufhin den Versuch unternommen hätte, auf die öffentliche Diskussion und Meinungsbildung hinsichtlich der Art und Weise in der in Deutschland rechtlich mit Bürgerkriegsflüchtlingen umgegangen wird, Einfluß zu nehmen.[439]

Neben der Tatsache, daß hinsichtlich der Verlängerung von Duldungen und der Einforderung von Kosten im Zusammenhang mit den Verpflichtungserklärungen ein beträchtlicher Handlungsspielraum der Kommunen sichtbar wird, kann an diesem konkreten Problem einmal mehr die be-

---

[435] Vgl. BayVGH: AZ 12 B 96. 1165.

[436] Vgl. Interview vom 23.2.1998 mit Kathrin Kreutzer, Justitiarin des Flüchtlingsamtes der Landeshauptstadt München.

[437] Vgl. BayVGH: AZ 12 B 96. 1165.

[438] Vgl. "Bericht des Flüchtlingsamtes", März 1997, S. 29.

[439] Es macht durchaus Sinn, Privatleuten die Möglichkeit zu geben, Flüchtlinge aufzunehmen und auch finanzielle Haftung dafür zu übernehmen, doch muß dafür eine akzeptable Abgrenzung der privat zu übernehmenden Kosten gefunden werden. Modelle zu entwickeln, wie dies geschehen könnte, sind auch die Kommunen bzw. die zuständigen Behörden aufgerufen. Vgl. Rittstieg, Helmut, "Grenzen der Verpflichtung nach § 84 AuslG", InfAuslR 2/94, S. 49.

stehende Vermischung zwischen Ausländerrecht - durch §§ 14, 84 AuslG als gesetzliche Grundlage der Verpflichtungserklärungen - und Sozialbehörde, als der für die Erstellung der Leistungsbescheide gemäß § 84 AuslG zuständigen Behörde, verdeutlicht werden, wie sie durch das bundesgesetzliche Asylbewerberleistungsrecht gegeben ist.

III.2.3. Ökonomische Aspekte der kommunalen Flüchtlingspolitik in München

Die Kostenregelung zwischen dem Land Bayern und der Kommune München weist im Vergleich mit anderen Städten außerhalb Bayerns deutliche Unterschiede auf. Im Gegensatz zu der bundesweit üblichen Regelung, derzufolge die Städte gemäß AsylbLG für die durch Bürgerkriegsflüchtlinge entstehenden Sozialhilfekosten selbst aufkommen müssen, sind die bayerischen Kommunen nur indirekt durch die Bezirksumlage an den entstehenden Kosten beteiligt sind.[440] Zunächst jedoch werden in Bayern im Fall der Bürgerkriegsflüchtlinge diese Kosten von den Bezirken übernommen, deren Budget zur Finanzierung dieser Ausgaben sich aus der Bezirksumlage und aus staatlichen Zuschüssen zusammensetzt.[441] Sieht man diese Regelung in Verbindung mit der oben erwähnten Tatsache, daß in München zudem unterdurchschnittlich wenige Flüchtlinge überhaupt Sozialhilfe benötigten, so wird deutlich, warum München im Vergleich mit anderen bundesdeutschen Großstädten einen finanziell größeren Spielraum zur Verfügung hat und dadurch über eine privilegierte Position verfügt.[442] Die Begründung für diese Art der Kostenregelung dürfte sich jedoch vielmehr in der Besonderheit des bayerischen Verwaltungsaufbaus in Form der zusätzlichen Ebene der Bezirke

[440] Die Bezirksumlage bietet den Vorteil, daß alle Kreise und kreisfreien Städte Bayerns in gleichem Maß an den Kosten beteiligt sind unabhängig davon, wieviele Bürgerkriegsflüchtlinge von ihnen aufgenommen wurden. Vgl. Interview vom 4.3.1998 mit Hermann Thoss, stellvertretender Leiter des Flüchtlingsamtes der Stadt München.

[441] Die Zuschüsse des Freistaates Bayern zur Finanzierung der Ausgaben der Bezirke sind in den vergangenen Jahren deutlich angestiegen. Vgl. Interview mit Kathrin Kreutzer; Justitiarin des Flüchtlingsamtes der Stadt München vom 12.2.1998.

[442] Unabhängig davon, sieht sich auch die Kommune München, wie nahezu alle anderen bundesdeutschen Städte, mit enorm großen finanziellen Problemen und Defiziten konfrontiert. Vgl. die Interviews mit Wolfgang Kurreck und Hermann Thoss, Leitung des Flüchtlingsamtes der Stadt München.

denn in einer besonders humanitären oder "kommunenfreundlichen" Haltung der derzeitigen bayerischen Staatsregierung finden lassen.[443]
Ein weiterer Aspekt von ökonomischer Bedeutung ergibt sich aus dem Umstand, daß die Gewährung von Leistungen nach dem AsylbLG in München durch die Landeshauptstadt erfolgt. Gemäß Art. 5 Abs.1 DVAsylbLG wäre an sich der Bezirk Oberbayern hierfür zuständig, doch wurde diese Aufgabe der Stadt München übertragen. Die von der Stadt München erbrachten Aufwendungen werden ihr vom Bezirk Oberbayern zwar erstattet, jedoch unter Ausnahme der persönlichen und sachlichen Verwaltungskosten.[444] Die Art der Kostenregelung ist auch offizielle Begründung dafür, daß die Stadt München Geldleistungen anstelle der in § 3 Abs. 2 AsylbLG vorrangig vorgesehenen Sachleistungen ausbezahlt.[445] Nach Einschätzung der zuständigen Experten würde die Bereitstellung der organisatorischen und infrastrukturellen Mittel zur Umstellung auf Sachleistungen Kosten in einer Höhe von mehreren Millionen DM verursachen, die von der Stadt München aufzubringen wären.[446]
Ob sich durch die Implementierung des § 32a AuslG in finanzieller Hinsicht für die Stadt München etwas ändern würde ist fraglich, da die Regelung zur finanziellen Ausgestaltung dieser Bestimmung durch den Bund und die Länder bisher nicht erfolgt ist. Das wäre aber die Voraussetzung, um diesbezügliche Aussagen treffen zu können.

III.3. Kritik und Diskussion der Praxis

Die ursprünglich geplante und vom Stadtrat geforderte Umverteilung ausländerrechtlicher Kompetenzen vom Kreisverwaltungsreferat zum Sozialreferat ist in der Zwischenzeit in weite Ferne gerückt. Die Diskussion um die Ausgestaltung einer "kommunalen Flüchtlingspolitik" ist dadurch jedoch keineswegs gegenstandslos geworden. Im Gegenteil: es waren mehrheitlich Fragestellungen aus dem Bereich "Ausländer- und Flüchtlingspolitik", die speziell die öffentliche Diskussion der vergangenen Monate innerhalb der Stadt München aber auch bezogen auf den gesamten Freistaat Bayern dominierten.[447]

---

[443] Vgl. Interview vom 15.12.1997 mit Wolfgang Kurreck, Leiter des Münchner Flüchtlingsamtes.

[444] Vgl. "Bericht des Flüchtlingsamtes", März 1997, S. 39.

[445] Vgl. Interview mit Hermann Thoss, stellvertretender Leiter des Flüchtlingsamtes, vom 4.3.1998.

[446] Vgl. ebenda.

[447] Vgl. die Vielzahl der im Zeitraum Januar - März in der SZ veröffentlichten Berichte zur Debatte um die Einrichtung einer "kommunalen Stelle für multikulturelle Ange-

Wie der designierte Kreisverwaltungsreferent Wilfried Blume-Beyerle kurz nach seiner Wahl äußerte, habe sich seiner Meinung nach die Institution Flüchtlingsamt insgesamt bewährt, auch ohne daß sie über ausländerrechtlichen Kompetenzen bezüglich der aufenthaltsrechtlichen Fragen verfüge.[448] Diese Ansicht in Bezug auf die erfolgreiche Arbeit des Flüchtlingsamtes im Bereich der sozialen Betreuung von Flüchtlingen wird von weiten Teilen der Verwaltung und der meisten Parteien geteilt.[449] Den Aspekt des Ausländerrechtes betreffend, vertreten die zukünftigen Referenten der Stadt München Wilfried Blume-Beyerle und Thomas Böhle einhellig die Meinung, daß es auch mit dem vorhandenen rechtlichen und institutionellen Instrumentarium möglich sein müßte, eine nach humanen und sozialen Kriterien ausgerichtete Ausländerpolitik zu betreiben.[450]

Andererseits stimmen sowohl die vorgefallenen und bekanntgewordenen Beispiele aus der Münchner Ausländerbehörde, die einer gerichtlicher Überprüfung zum Teil nicht standhielten, als auch die im Verlauf der Untersuchung dargestellte allgemeine Praxis im Ausländeramt bedenklich. Hinzu kommt der Umstand, daß im Bereich des Ausländerrechts oftmals in der Praxis eine Gewaltenteilung zwischen der Exekutive und der Judikative, in Form des Kreisverwaltungsreferates und den Verwaltungsgerichten, nicht mehr gegeben ist.[451] Es darf daher bezweifelt werden, ob sich diese Probleme einzig durch die Wahl eines neuen Referenten lösen lassen, oder ob es dazu nicht doch institutioneller Veränderung bedarf, wie es eine Kompetenzverlagerung vom KVR zum Flüchtlingsamt im Bereich des Flüchtlingsrechtes darstellen würde. Daher wär es nötig - ohne die Bedeutung und Einflußmöglichkeiten des zukünftigen

legenheiten" der Stadt München, den Vorschlag der CSU zur Durchführung eines Volksentscheides bezüglich der Feststellung "Bayern ist kein Einwanderungsland", die aktuelle Problematik der Kosovo-Flüchtlinge, die erneute Reformierung des Asylbewerberleistungsgesetzes und die anhaltende Auseinandersetzung um die Existenz und Kompetenz des Flüchtlingsamtes der Stadt München.

[448] Vgl. "Mehr Toleranz und Liberalität", SZ am 19.12.1997, S. 37.

[449] Vgl. Interviews mit Dr. Thomas Böhle, Siegfried Benker und Wolfgang Kurreck.

[450] Vgl. "Mehr Toleranz und Liberalität", SZ am 19.12.1997, S. 37 und Interview mit Dr. Thomas Böhle vom 8.1.1998.

[451] Dieser Umstand liegt darin begründet, daß Verwaltungsrichter oftmals eine Verwaltungskarriere durchlaufen haben, bevor sie als Richter am Verwaltungsgericht zum Einsatz kommen. Hierdurch ist eine inhaltliche und personelle Verbundenheit vorhanden, die - obwohl nachvollziehbar - unter dem Aspekt der Gewaltenteilung als unzulässig zu erachten ist. Dies zumindest zeigt die Praxis im Bereich der Landeshauptstadt München. Vgl. Interview mit Rudolf Brettmeister, Ombudsmann der Landeshauptstadt München für Ausländerinnen und Ausländer, vom 17.11.1997.

Kreisverwaltungsreferenten Blume-Beyerle schmälern zu wollen - , daß sich auch die Kommunalpolitik im Gesamten wieder mehr den inhaltlichen Fragestellungen der Ausländerpolitik zuwendet. Hierzu besteht nur dann eine reelle Chance, wenn es in München gelingt, der Instrumentalisierung der Ausländer- und Flüchtlingspolitik für parteipolitische Zwecke ein Ende zu bereiten und das Thema aus den ideologischen Klammern zu lösen, in denen es seit über 10 Jahren gefangen ist.

Was die Frage der höchst unbefriedigende Zusammenarbeit zwischen den Referaten anbelangt, so scheint eine Lösung nach dem Wechsel in der Leitung des KVR in Sicht. Mit einer Amtsleitung, die sich primär am Interesse der Kommune München und weniger an den politischen Vorgaben des Innenministeriums orientiert[452], die sich hinsichtlich des in der Allgemeinen Geschäftsanweisung der Landeshauptstadt München vorgegebenen Dienstweges nicht am Rande der Zulässigkeit bewegt[453], sondern die Kooperation mit dem Oberbürgermeister sucht und zualledem noch den politischen Willen zur Problemlösung mitbringt darf dieses Problem als gelöst betrachtet werden.

Obwohl in der Vergangenheit eine Anweisung des Kreisverwaltungsreferenten durch den Oberbürgermeister im Einzelfall häufiger möglich[454] und auch wünschenswert gewesen wäre[455], könnte dies niemals Ersatz für eine konstruktive und kooperative Zusammenarbeit der einzelnen städtischen Referate sein.

Indes darf fraglich sein, ob die Stadt München in der Vergangenheit alle ihr zur Verfügung stehenden Möglichkeiten genützt hat, presse- und medienwirksam auf bestehende Mißstände im Bereich der kommunalen Flüchtlingspolitik hinzuweisen[456] und Verbesserungvorschläge in die Diskussion zu bringen oder ob nicht oft parteipolitische und "politisch-taktische" Überlegungen im Vordergrund standen und dadurch ein diesbezügliches Engagement für die Anliegen der Flüchtlinge verhindert wurde. Als Beispiel kann die langjährige Auseinandersetzung um die

---

[452] Vgl. Interview mit R. Brettmeister vom 17.11.1997.

[453] Vgl. Interview mit Dr. T. Böhle vom 8.1.1998.

[454] Vgl. Interviews mit S. Benker und R. Brettmeister.

[455] Dies wäre in Fällen notwendig gewesen, in denen das KVR die Kooperation mit dem Flüchtlingsamt faktisch verweigert hat oder sich die Verweigerungshaltung des KVR sogar auf die Umsetzung von Stadtratsbeschlussen ausweitete, wie es sich im Fall des Beschlusses des Kreisverwaltungsausschusses in der gemeinsamen Sitzung mit dem Sozialausschuß vom 1.7.1997 und dem darin enthaltenen Arbeitsauftrag zum Entwurf eines Kriterienkataloges zur Gestaltung der Rückführung der bosnischen Bürgerkriegsflüchtlinge ereignete.

[456] Oder auch auf flüchtlingspolitische Sachverhalte der Landes- und Bundespolitik, soweit sie für die Durchführung und Gestaltung einer kommunaler Flüchtlingspolitik relevant sind.

Einführung und Reformierung des Asylbewerberleistungsrechts gelten oder auch die Diskusssion um die immer wieder verweigerte Anwendung von § 32a AuslG. In beiden Fällen gab es gute Argumente und Gründe, warum sich eine Kommune, die sich einer humanen und sozialen Flüchtlingspolitik verpflichtet fühlt, für die Rechte der Flüchtlinge hätte aussprechen müssen. Dies wäre aber in beiden Fällen nicht möglich gewesen, ohne mit großen Teilen der SPD in Bundesrat und Bundestag in Konflikt zu geraten und sich zugleich der auf dem Gebiet der Ausländer- und Flüchtlingspolitik erfahrungsgemäß polemisch-populistischen Kritik des politischen Gegners ausgesetzt zu sehen. Die These von der "heimlichen großen Koalition" zwischen SPD und CSU auf dem Gebiet der Ausländer- und Flüchtlingspolitik, für deren Existenz es auf der Länder- und Bundesebene nicht wenige Hinweise gibt, trifft auf kommunaler Ebene in München nicht zu.[457] Tatsache ist es aber, daß es der CSU gelingt, über die öffentliche Meinung Druck auszuüben und dadurch die SPD in ihrem Verhalten stark zu beeinflussen.[458]

Zwar wurden in manchen Situationen von Oberbürgermeister Christian Ude Petitionen an das Innenministerium geschickt mit dem Ziel, die Erlaubnis zur Praktizierung besonderer Regelungen zu erhalten, doch wurde eine Öffentlichkeit dabei konsequent gemieden. Selbstverständlich bestehen Argumente für ein diplomatisches quasi nicht-öffentliches Vorgehen, doch muß zu einem bestimmten Punkt auch die Frage nach der Effizienz dieser Taktik gestellt werden. Die Frage, ob Oberbürgermeister Ude, dadurch daß im juristischen Sinne die Hände gebunden waren[459] keine größere Aktivität entfalten konnte, kann nicht generell bejaht werden. Eine Einschränkung seiner Einflußmöglichkeit ist dann gegeben, wenn es den Bereich des eigenständigen Antragsrechts berufsmäßiger Stadträte berührt. In Einzelfällen, d.h. im Einzelvollzug hätte Oberbürgermeister Ude jedoch durchaus die Möglichkeit gehabt, den zuständigen Kreisverwaltungseferenten Uhl anzuweisen.[460]

Grundsätzlich wäre in diesem Zusammenhang auch denkbar, daß Anweisungen des Oberbürgermeisters durch das Innenministerium beanstandet und aufgehoben würden und es in letzter Konsequenz in Form einer Ersatzvornahme zur Umsetzung der ausländerrechtlicher Vorgaben des Bayerischen Innenministeriums kommen würde. Ob es in diesem Fall jedoch möglich wäre, die inhaltlichen ausländer- und flüchtlings-

[457] Vgl. Interview mit W. Kurreck.

[458] Vgl. Interviews mit T. Böhle, R. Brettmeister und S. Benker.

[459] Vgl. Interview vom 8.1.1998 mit Dr. Thomas Böhle.

[460] Ein vorliegendes Gutachten, das sich speziell dieser Frage widmet, bestätigt den Handlungsspielraum des Oberbürgermeisters in Fragen des Weisungsrechtes eindeutig. Vgl. Interview mit R. Brettmeister vom 17.11.1997.

rechtlichen Positionen, um die es ja eigentlich geht, in angemessener Weise zu vermitteln, ist zu bezweifeln. Zudem wäre die Wahrscheinlichkeit groß, daß als Konsequenz aus der gerichtlichen Niederlage in der Öffentlichkeit der Eindruck entstünde, als wäre die Stadt München in dieser Auseinandersetzung inhaltlich im Unrecht gewesen, und müßte zum rechtmäßigen Handeln angeleitet werden.[461] Andererseits würde im Fall einer Weigerung der Landeshauptstadt München, bestimmte Weisungen des Innenministeriums umzusetzen, die den erklärten Zielen des Münchner Stadtrates widersprechen, die inhaltliche Glaubwürdigkeit gewahrt bleiben. So aber sieht sich die Stadt München dem Vorwurf des Opportunismus oder der fehlenden Konsequenz gegenübergestellt. Eine Voraussetzung, um diese der Aufsichtsbehörde gegenüber konfrontativere Politik in München zum Erfolg zu führen, wäre ein offensiverer Schulterschluß mit anderen gesellschaftlichen Gruppierungen wie z.B. den Kirchen gewesen. Ob dieser Schulterschluß mit den Kirchen hinsichtlich des Themas "kommunale Flüchtlingspolitik" möglich wäre, muß an dieser Stelle offen bleiben.

Zusammenfassend kann festgehalten werden: auch nach Miteinbeziehung aller landes- und bundesrechtlichen Limitierungen und unter Berücksichtigung der nicht konsequent durchgehaltenen politischen Linie des Münchner Stadtrates und Oberbürgermeisters ist die Rede von einer "kommunalen Flüchtlingspolitik" in München berechtigt. Basierend auf besonderen Institutionen, in Form spezieller Betreuung und Bereithaltung von Dienstleistungen sowie durch wissenschaftlich fundierte Aufarbeitung und Dokumentation findet im Bereich der Landeshauptstadt München Flüchtlingspolitik auf kommunaler Ebene statt.
Auf bestehende Überlegungen hinsichtlich einer konzeptionellen präventiven Arbeit im Bereich der kommunallen Flüchtlingspolitik wird im Rahmen des Ausblicks eingegangen.

[461] Vgl. Interview mit Dr. Thomas Böhle.

III.4. Fazit

Die Untersuchung der Handlungsspielräume einer kommunalen Flüchtlingspolitik, vollzogen am Beispiel der Landeshauptstadt München, führte zu folgenden Ergebnissen:

A. Bezogen auf die Kategorie der Bürgerkriegsflüchtlinge kam es zur Offenlegung von Normdefiziten sowohl im völkerrechtlichen als auch im bundesdeutschen System des Flüchtlingsschutzes. Dies könnte zum Anstoß einer Diskussion über die Weiterentwicklung des völkerrechtlichen Flüchtlingsbegriffs bzw. des nationalstaatlichen Flüchtlingsrechts führen.

B. In der Umsetzung des Ausländerrechtes ist die Landeshauptstadt München im übertragenen Wirkungskreis tätig und weitgehend an die gesetzlichen Vorgaben gebunden. Nichtsdestotrotz eröffnet sich den Kommunen im konkreten Verwaltungsvollzug der Ausländerbehörden ein erheblicher Gestaltungsspielraum.

C. Der Vollzug des Asylbewerberleistungsrechtes bringt eine Verschränkung von Sozial- und Ausländerrecht mit sich und ermöglicht eine Gestaltungsmöglichkeit und Einflußnahme durch die kommunalen Sozialbehörden.

D. In der Frage der sozialen Betreuung der Flüchtlinge eröffnet sich den Kommunen ein beträchtlicher Handlungsspielraum.

E. Auf dem Gebiet der Flüchtlingspolitik steht den Kommunen die institutionelle Entwicklung, die Gestaltung einer bewußtseinsbildenden Öffentlichkeitsarbeit und zahlreiche Möglichkeiten der inhaltlichen Bearbeitung offen und bietet dadurch vielfältige Handlungsmöglichkeiten.

F. Als ein Ergebnis dieser Arbeit könnte ein Impuls für andere Städte ausgehen, sich aktiver und selbstbewußter des Themas "Flüchtlingsschutz" anzunehmen, denn fest steht:

Obwohl das Problem seinen Ursprung fast immer im Bereich der internationalen Politik hat und es daher oftmals der Regelung auf der völkerrechtlichen Ebene bedarf, und obwohl es für die Zukunft des Flüchtlings von großer Bedeutung ist, wie sein Status gemäß der nationalstaatlichen Asylgesetze geregelt ist, so stellt sich die konkrete Situation des einzelnen Flüchtlings trotzalledem sehr stark in Abhängigkeit der Betreuung "vor Ort" dar. Ob sich ein Flüchtling konfrontiert sieht mit einer oftmals undurchschaubaren Behördenstruktur und z.T. ungeklärten Zuständigkeiten (Wohnungsamt/KVR/Sozial-amt/Jugendamt/Schulamt/etc.) oder aber einer zusammengefassten Behörde mit speziell geschulten Mitarbeitern, ob Flüchtlinge in Sammel- und Containerunterkünften oder in kleinen Wohneinheiten untergebracht sind, ob für sie zu jederzeit eine Ansprechperson zur Verfügung steht oder ob außer gelegentlich anwesendem Ordnungs- und Wachpersonal keine weiteren Kontaktpersonen zur Verfügung stehen und ob die Flüchtlinge Geldleistungen anstelle von Lebensmittelpaketen erhalten - dies alles verdeutlicht nochmals, daß es wichtige Entscheidungen sind, die größtenteils in der Kompetenz der Kommunen verbleiben.

G. Es hat sich im Verlauf dieser Untersuchung gezeigt, daß sich die Landeshauptstadt München als Beispiel zur Darstellung der kommunalen Handlungsspielräume auf dem Gebiet der Flüchtlingspolitik zugleich sehr gut und sehr schlecht eignet. Dies ist aus folgenden Gründen der Fall:

- Zum einen konnte im Verlauf dieser Arbeit deutlich herausgearbeitet werden, wie groß sich die Spielräume einer Kommune im Bereich des konkreten Verwaltungsvollzugs, der institutionellen Organisation und z.T. auch in der Auslegung von gesetzlichen Bestimmungen darstellen und somit den Rahmen für eine aktive kommunale Flüchtlingspolitik unter der Maßgabe sozialer und humaner Kriterien abgeben; die Möglichkeiten und die Notwendigkeit einer offensiven Aufklärungsarbeit und Bewußtseinbildung noch gar nicht berücksichtigt.

- Andererseits wurde jedoch auch deutlich, wie eingeschränkt und nahezu verunmöglicht viele dieser Handlungsmöglichkeiten dadurch wurden, daß die Landeshauptstadt München zu keinem Zeitpunkt der letzten Jahre in einer Weise geschlossen auftreten konnte, die es ermöglicht hätte, diese gesetzlich verankerten Rechte in einer für die Flüchtlinge effektiven und hilfreichen Weise zu nützen. So aber war die Konstellation gegeben, daß sich die in dieser Fragestellung zwischen dem Land Bayern und der Landeshauptstadt München ergebende Konfliktlinie bis weit in die Stadtverwaltung Münchens hineinerstreckte und sich in diesem Zusammenhang die Kreisverwaltungsbehörde oftmals mehr als Landesbehörde denn als städtische Behörde verstand und dementsprechend agierte.

Angesichts der vielfältigen Probleme und der in zahlreichen Punkten bestehenden Rechtsunsicherheit bezogen auf den Status und die Behandlung der Bürgerkriegsflüchtlinge, fällt es schwer, das Argument eines Zuviels an behördlichem Aufwand im Zusammenhang mit der Entstehung eines kommunalen Flüchtlingsamtes nachzuvollziehen.[462] Natürlich müssen Situationen verhindert werden, in welchen sich Behörden gegenseitig behindern und es durch eine unklare Aufgabenverteilung zu Ineffizienz und Verzögerung von Verwaltungshandeln kommen kann. Im konkreten Fall der Gründung eines kommunalen Flüchtlingsamtes stellt dies jedoch den Versuch dar, auf eine neuentstandene und andauernde Problemlage adäquat zu reagieren, dergestalt daß es zur größtmöglichen Initiierung und Mobilisierung von vorhandener Sach- und Fachkompetenz kommt.

Eine Denkweise, die es nahelegt, sich ausschließlich auf eine Behörde und nur einen Ausschnitt einer nationalen Gesetzgebung[463] zu beziehen und auf die Miteinbeziehung humanitärer, sozialpolitischer und völkerrechtlicher Implikationen ganz oder teilweise verzichten zu können, greift zu kurz, und fällt zudem hinter den Ansatz des mit der GFK ins Leben gerufene System des internationalen Flüchtlingsschutzes zurück, welches durch die verpflichtende Zusammenarbeit der Vertragsstaaten mit dem UNHCR gerade diesen Gedanken Rechnung trägt.

Diese den politologischen Fragen weitgehend deskriptiv-empirisch nachgehende Untersuchung und die damit entstandenen Erkenntnisse könnten aufgegriffen werden, dadurch daß die Frage nach dem Herausbilden eines Politikfeldes "kommunale Flüchtlingspolitik" und somit der Frage nach der Verlagerung und Entstehung von Kompetenzen in Form einer nach komparatistischen Methoden angelegten Untersuchung vertieft würden. Denkbar wäre ein Forschungsdesign, das zum einen die oben

---

462 In den zahlreichen Stellungnahmen der verschiedensten Referate und Institutionen, die vor der Gründung des Flüchtlingsamtes abgegeben wurden, war nicht selten die Rede von einem überflüssigen Zuviel an behördlichem Aufwand. Vgl. Unterlagen, die dem Autor vorliegen.

463 In diesem Fall das bundesdeutsche Ausländergesetz

erwähnten Verlagerungen oder Neuentstehungen von Kompetenzen politischer, rechtlicher, finanzieller und bürokratischer Art mißt und nachweisbar macht, und zum anderen gleichzeitig die Möglichkeit eines Vergleiches dieser Ergebnisse mit Entwicklungen in anderen Bereichen der Kommunalpolitik oder mit den Ergebnissen anderer Städte auf dem Gebiet der "kommunalen Flüchtlingspolitik" ermöglichen würde.

IV. KAPITEL

PERSPEKTIVEN EINER KOMMUNALEN FLÜCHTLINGSPOLITIK - EIN AUSBLICK

Auch wenn die aktuellen Statistiken rückgängige Zugangszahlen im Bereich der Asylbewerber und Bürgerkriegsflüchtlinge verzeichnen, ist damit zu rechnen, daß die Stadt München langfristig mit der Frage der Flüchtlingsaufnahme konfrontiert sein wird.[464] Daher ist es notwendig, Perspektiven für die zukünftige Entwicklung der kommunalen Flüchtlingspolitik in München auszuarbeiten.
Ein Ziel kommunaler Flüchtlingspolitik ist es, den Flüchtlingen eine „vorübergehende Integration“ in die bundesrepublikanische Gesellschaft zu ermöglichen. Diese kann sich - wie im Fall der bosnischen Bürgerkriegsflüchtlinge - über mehrere Jahre erstrecken. Somit darf kommunale Flüchtlingspolitik auch als ein Beitrag zur Transformation des Nationalstaats hin zu einer "offenen Republik"[465] und multiethnischen Gesellschaft bezeichnet werden.
Die Aufgabe, vor die sich eine Großstadt im Umgang mit Flüchtlingen gestellt sieht, ist eine dreifache:

1. Vorbereitungen für eine Problemlösung zu treffen und die dafür notwendigen Strukturen zu schaffen,

2. den Aufenthalt dieser Menschen zu gestalten, d.h. ihre Bedürfnisse in den Bereichen Wohnen, Arbeiten, Kultur, Rechtssicherheit, etc. zu berücksichtigen und schließlich

3. Perspektiven für die Menschen auf der Flucht zu entwerfen, die sich in der Regel im Rahmen der folgenden Alternativen bewegen:
   - längerfristige Integration in Deutschland,
   - die Rückkehr in die Heimat,
   - Weiterwanderung in einen dritten Staat.

---

[464] Vgl. "Bericht des Flüchtlingsamtes", München, März 1997, S. 107/108.

[465] Vgl. Oberndörfer, Dieter, "Die offenen Republik", Freiburg, 1992, ders., "Integration oder Abschottung? - Auf dem Weg zur postnationalen Republik", in: ZAR 1/1998, S. 3-14.

Neben diesen Aufgaben, die die Frage der Versorgung der Flüchtlinge mit sich bringt, gibt es darüberhinausgehend einen Handlungsbedarf für die Kommunen. So sollte durch die Propagierung eines bestimmten Modells der kommunalen Flüchtlingspolitik der Versuch der Einflußnahme auf Landes- und Bundesgesetzgebungsprozesse unternommen werden, insofern die bestehenden gesetzlichen Regelungen aus der Perspektive der Kommunen unbefriedigend erscheinen. Auf der Basis der langjährigen praktischen Erfahrungen und der bundesweiten Erhebung von Daten[466] könnten vermehrt medienwirksame Appelle erfolgen, z.B. was die Notwendigkeit zur Überarbeitung der IMK-Phasenregelung betrifft.[467] Desweiteren wäre eine Koordinierung der Thematik "kommunale Flüchtlingspolitik" innerhalb des Deutschen Städtetags möglich. Im Rahmen eines Ausschusses oder einer Arbeitsgruppe des Deutschen Städtetags könnte ein Erfahrungsaustausch mit anderer Städten erfolgen, in dessen Verlauf u.a. ein Vergleich von unterschiedlichen Ansätzen der kommunalen Flüchtlingspolitik erfolgen sollte.
Was die Abschaffung der Fluchtursachen und die Vermeidung von Flüchtlingen anbelangt, so sind die Einflußmöglichkeiten einer Kommune praktisch nicht oder nur sehr mittelbar gegeben. In diesem Zusammenhang wäre denkbar, daß im Rahmen von bestehenden oder im konkreten Fall zu gründenden Städte- und Hilfsprojekt-Partnerschaften konfliktpräventive Maßnahmen erfolgen könnten.
Eine sehr wichtige Aufgabe kommunaler Flüchtlingspolitik besteht in der Durchführung einer Bildung- und Aufklärungspolitik, die jenseits des Versuchs einer Instrumentalisierung der Thematik durch parteipolitische Interessen steht. Einige Beispiele, die die Notwendigkeit dieser Bildungs- und Aufklärungspolitik verdeutlichen sind:

a.) Im krassen Gegensatz zur weitverbreiteten Meinung beziehen lediglich ca. 25% aller in München lebenden bosnischen Bürgerkriegsflüchtlinge öffentliche Unterstützung in Form von Sozialhilfeleistungen,[468]

---

[466] Vgl. beispielhaft die unter der Federführung des Münchner Flüchtlingsamtes bundesweit durchgeführte Städteumfrage zur Situation der bosnischen Flüchtlinge.

[467] Vielfach wurde von Expertenseite das Fehlen einer Härtefallregelung oder das Festhalten am Kriterium des Familienstandes als dem für eine vorrangige Rückkehr maßgeblichen kritisiert. Vgl. Interviews mit S. Benker, K. Kreutzer, W. Kurreck, M. Lich, R. Brettmeister und zahlreiche Artikel und Zeitungsberichte.

[468] Vgl. Sozialreferat der Landeshauptstadt München (Hrsg.), "Soziale Leistungen in Zahlen 1996", August 1997, S. 110, Tabelle 9.

b.) Die Unterbringung der Flüchtlinge in Wohnungen hat sich, im Vergleich zur Einrichtung und Bereitstellung von großen Gemeinschaftsunterkünften, in vielen Fällen als die kostenkünstigere Möglichkeit erwiesen,[469]

c.) In der Öffentlichkeit besteht weitgehend Unklarheit darüber, welche Voraussetzungen das Prinzip der Freiwilligkeit der Rückkehr nach dem Verständnis des UNHCR im Vergleich zur Auffassung der IMK beinhaltet.

Ohne die Bedeutung und die Einflußmöglichkeiten einer Kommune zu überschätzen, kann eine kommunale Flüchtlingspolitik auch als indirekter Beitrag und Anstoß zur Weiterentwicklung des völkerrechtlichen Flüchtlingsbegriffs betrachtet werden, da kommunale Flüchtlingspolitik im Fall der Aufnahme von Bürgerkriegsflüchtlingen den Versuch darstellt, die Lebensbedingungen für eine Gruppe von Flüchtlingen zu verbessern, welche völker- oder bundesrechtlich bislang unzureichend geschützt erscheinen.[470]
Dadurch daß in München für das Thema kommunale Flüchtlingspolitik eine Öffentlichkeit besteht, Kontakte zwischen dem Flüchtlingsamt und den verschiedensten universitären Lehrstühlen bestehen und zugleich zahlreiche Landes- und Bundespolitiker aus München entsandt werden, darf der Aspekt der Bewußtseins- und Meinungsbildung nicht unterschätzt werden.
Kommunale Flüchtlingspolitik kann auch als Versuch verstanden werden, sich auf kommunaler Ebene für die Einhaltung und Stärkung der Menschenrechtsidee einzusetzten und damit einhergehend das Bewußtsein für die Wichtigkeit und die Bestandskraft völkerrechtlicher Übereinkommen zu stärken. Hierbei geht es um die Sicherstellung der Übereinstimmung zwischen den außenpolitischen Zielen des Bundes wie z.B. der strikten Einhaltung der Menschenrechte und der Realität in den bundesdeutschen Kommunen, d.h. den Vorgehensweisen der Ausländerbehörden und Innenministerien der einzelnen Länder.

---

469 Dieses Unwissen führt zu Mißverständnissen und groben Verzerrungen, wie ein Bericht des Magazins Focus vom September 1997 beweist. Unter der Überschrift "Luxus-Flüchtlinge in München" war darin von einer Verschwendung öffentlicher Gelder die Rede, dadurch daß es durch die Kommune München in der Vergangenheit zur Anmietung von Wohnungen für bosnische Bürgerkriegsflüchtlinge gekommen ist. Vgl. Interview mit Hermann Thoss, stellvertretender Leiter des Flüchlingsamtes.

470 Vgl. zu dieser Problematik Kap. 1 dieser Arbeit.

Neben den aufgelisteten möglichen Inhalten einer kommunalen Flüchtlingspolitik kann eine Stadt zuallererst im Bereich ihrer eigenen Verwaltung tätig werden. Hier wäre z.B. an die Einrichtung und nachhaltige Unterstützung eines Münchner Regionalbüros des UNHCR zu denken, wodurch zum einen gute und effiziente Kontakte zwischen der Stadt München und dem UNHCR garantiert wären und zum anderen durch diese Wertschätzung der vom UNHCR geleisteten Arbeit auch ein Signal an die Öffentlichkeit ausgehen würde: die Übereinstimmung zwischen dem flüchtlingspolitischen Ansatz der Stadt München und den Überlegungen des UNHCR.
Grundsätzlich müßte es Ziel einer nach humanitären und sozialen Kriterien ausgerichteten kommunalen Flüchtlingspolitik sein, eine Entwicklung zu forcieren, die in der Bewältigung von Problemen im Zusammenhang mit Flüchtlingen wegführt von einem einseitig auf das Ausländerrecht gelegten Augenmerk. Als Konsequenz könnte am Ende eine Erweiterung oder Umverteilung von Kompetenzen zwischen verschiedenen Institutionen, Ämtern und Referaten stehen, wie sie zum Teil innerhalb der Landeshauptstadt München in Form des Flüchtlingsamtes, eines Ombudsmannes für Ausländerinnen und Ausländer, des Runden Tisches und aller Voraussicht nach ab November 1998 auch in Gestalt der Stelle für interkulturelle Zusammenarbeit besteht.[471]

Als Bereiche, die für die Gestaltung einer kommunalen Flüchtlingspolitik von Bedeutung sind, können angeführt werden:

a.) Umstrukturierung der städtischen Referate

Dahinter verbirgt sich die Idee eines städtischen Referates, welches sich ausschließlich der Probleme und Belange der in München lebenden ausländischen Bevölkerung annehmen würde. Dabei würde die Konzipierung und Umsetzung von Flüchtlingspolitik einen Teil der Arbeit dieses Referates ausmachen. Diese Idee wird innerhalb der Landeshauptstadt München derzeit nicht favorisiert.[472]

b.) Umstrukturierung innerhalb der städtischen Referate

Grundlegendes Ziel nicht nur auf dem Gebiet der kommunalen Flüchtlingspolitik muß es sein, möglichst flexible und effiziente administrative Strukturen zu entwickeln. Daher stellt sich auch die Frage nach der Zukunft des Flüchtlingsamtes. Diesbezüglich sind verschiedene Varianten

[471] Vgl. „Stadt setzt neues Signal in der Ausländerpolitik", SZ vom 19.3.1998, S. 43.
[472] Vgl. Interviews mit Dr. Thomas Böhle vom 8.1.1998 und mit Siegfried Benker vom 25.2.1998.

in der Diskussion. Die Rede ist von einer Zusammenlegung von Flüchtlingsamt und der im Entstehen begriffenen Stelle für interkulturelle Zusammenarbeit, von einer Dezentralisierung im Rahmen des WIR-Projektes und der damit verbundenen Einrichtung sogenannter Bürgerhäuser in den einzelnen Stadtteilen bishin zur Forderung nach Auflösung des Flüchtlingsamtes für den Fall, daß sich wider alle Erwartungen das Problem einer Flüchtlingsaufnahme für die Stadt München nicht mehr stellen sollte. Gesichert erscheint derzeit, daß das Flüchtlingsamt als zentrale Einheit des Sozialreferates erhalten bleibt. Dessenungeachtet muß im Flüchtlingsamt weiter daran gearbeitet werden, daß noch schneller und flexibler auf die oft rapiden Entwicklungen im Flüchtlingsbereich reagiert werden kann. Dazu gehören auch Überlegungen, ob die Zusammenarbeit mit anderen städtischen Referaten (Personal- und Organisation, Bau- und Kommunalwesen) noch enger gestaltet werden kann.[473]

c.) Mitarbeiterschulung

Ein wichtiger Punkt ist die Weiterbildung der für die Flüchtlingsaufgaben verantwortlichen Personen innerhalb der Stadtverwaltung. Da diese Menschen vor dem Hintergrund der gesellschaftlichen Vorstellungen, Klischees und Ängste in ihrer Arbeit mit zum Teil schwer lösbaren Problemen konfrontiert sind, benötigen sie Unterstützung und Hilfeleistungen. Der Flüchtlingsbericht der Landeshauptstadt München enthält dazu folgende Vorschläge:

- Aufnahme der Themen Migration, Flucht, Interkulturelle Kommunikation, länderspezifischer Seminare, etc. in das Aus- und Fortbildungsprogramm für Bedienstete der Landeshauptstadt München,
- Bereitstellung von Supervisionsangeboten,
- Sensibilisierung der Mitarbeiter für Antidiskriminierungs- und -rassismusmaßnahmen,
- Einstellung von möglichst vielen ausländischen Mitarbeitern im Flüchtlingsbereich.[474]

Diese Maßnahmen und die damit verbundene Kompetenzsteigerung sollte ein inhumanes Verwaltungshandeln verhindern und auf lange Sicht zu einem veränderten Bewußtsein in den betreffenden Behörden führen.

[473] Vgl. "Bericht des Flüchtlingsamtes", München, 1997, S. 110.
[474] Vgl. "Bericht des Flüchtlingsamtes", München, 1997, S. 110/111.

d.) Akzentsetzung durch Verwaltungsvollzug

Den Kommunen steht im Jahr 1998 - und wahrscheinlich auch noch darüber hinaus - eine große Aufgabe bevor, da sich bedingt durch die Phasenregelung der IMK im Verlauf dieses Jahres zahlreiche Problemfälle und -gruppen ergeben werden, für die eine Lösung in den bisherigen Entwürfen nicht vorgesehen ist, so z.B. für alleinerziehende Mütter, die ihre Männer im Krieg verloren haben oder für die älteren Menschen ohne Angehörige in Bosnien. Es besteht weitgehend Einigkeit, daß durch konkrete Entscheidungen, wie beispielsweise in der Frage, welche Fälle als nachrangig zu betrachten sind, eine Aktzentsetzung im Verwaltungsvollzug mögich ist.[475] Somit liegt auch im Vollzug der Gesetze ein Potential zur Gestaltung einer kommunalen Flüchtlingspolitik.

e.) Thematische Überlegungen

Als ein wichtiges Thema der zukünftigen kommunalen Flüchtlingspolitik kann auch das zunehmende Problem der unter ausländerrechtlichem Gesichtspunkt gesehenen Illegalität von Flüchtlingen betrachtet werden.[476] Da eine restriktive Ausländer- und Flüchtlingspolitik, die den sich hier aufhaltenden Flüchtlingen z.T. die wirtschaftliche Existenzgrundlage entzieht, nicht gleichzeitig garantiert, daß diese Menschen das Gebiet der BRD tatsächlich verlassen, wird die Folge zwangsläufig die sein, daß sich in den bundesdeutschen Städten in zunehmender Zahl Menschen illegalerweise aufhalten. Die sich daraus ergebenden Probleme verbleiben einmal mehr zunächst den Kommunen zur Bearbeitung.
Eine bedeutsame städteplanerische Aufgabe könnte auch darin liegen, in die Planung von neuen Wohngebieten schon heute den Gedanken aufzunehmen, ob und wie eine Flüchtlingsunterkunft dort integriert werden kann. Die derzeit teilweise gegebene Situation der Ausgrenzung in den Stadtteilen trägt wesentlich zur Stigmatisierung und Diskriminierung von Flüchtlingen bei.[477]

f.) Konzeptionelle Überlegungen

Es bestehen Überlegungen, für den Bereich der Stadt München einen sogenannten „Flüchtlingsplan" zu entwerfen, der - dem Gedanken der Prävention verpflichtet – hinsichtlich zukünftiger Flüchtlingsbewegungen Vorkehrungen treffen soll, so z.B. bezüglich der Unterbringung der

[475] Vgl. Interviews mit Dr. Thomas Böhle vom 8.1.1998 und Rudolf Brettmeister vom 17.11.1997. Desweiteren "Mehr Toleranz und Liberalität", Interview mit Wilfried Blume-Beyerle, SZ am 19.12.1997, S. 37.

[476] Vgl. Interview mit Siegfried Benker vom 25.2.1998.

[477] Vgl. "Bericht des Flüchtlingsamtes", München 1997, S. 111.

Flüchtlinge. In der Konzipierung eines solchen Flüchtlingsplans läge auch eine Chance zur besseren Vernetzung, sowohl innerhalb der städtischen Verwaltung als auch auf Bundesebene in der Zusammenarbeit von bundesdeutschen Kommunen.

g.) Institutionelle Weiterentwicklung

Die vom Münchner Stadtrat beschlossene Einrichtung einer „Stelle für interkulturelle Zusammenarbeit" ist ein weiterer Schritt hin zu einer solidarischen, toleranten und multikulturellen Stadtgemeinschaft[478] Diese Stelle wird durch ihre Arbeit ebenfalls zu einer an humanen und sozialen Kriterien orientierten Flüchtlings- und Ausländerpolitik der Stadt München beitragen können.

Fest steht: Vielzuoft wurde in der jüngsten Vergangenheit jenes Teilgebiet der Ausländerpolitik, welches die Probleme, die im Zusammenhang mit Flüchtlingen entstehen, betrifft nurmehr unter dem einengenden Blickwinkel des Ausländerrechts oder der rein ökonomisch motivierten Sparvorgaben gesehen. Eine generelle Leistungsabsenkung, die Ausweitung von Personengruppen mit verminderten Leistungsbezügen oder die Ausdehnung der Bezugsdauer von abgesenkten Leistungen - dies alles mag zwar dem allseits verfolgten Streben nach Kostenentlastung der öffentlichen Haushalte genügen, einer integrativen Sozial- und Ausländerpolitik gegenüber verhalten sich derartige Regelungen - wie zuletzt im neuen AsylbLG geschehen - aber eher dysfunktional.[479] Da aber die Kommunen an einer integrativen Sozial- und Ausländerpolitik interessiert sein müssen, ist es zugleich kommunale Aufgabe, im Rahmen des finanziellen und gesetzlich möglichen, diesen vom Bund und von zahlreichen Ländern ausgehenden Bestrebungen eine eigenständige und stärker an den Bedürfnissen der Kommune ausgerichtete Politik entgegenzusetzen. Dies ist in Gestalt der kommunalen Flüchtlingspolitik der Landeshauptstadt München teilweise geschehen.

---

[478] Im "Bündnis für München für die Amtsperiode 1996-2002" haben sich die Fraktionen der SPD und Bündnis90/DIE GRÜNEN, sowie die Rosa Liste und die ÖDP zu einer solidarischen, toleranten und multikulturellen Stadtgemeinschaft bekannt.

[479] Vgl. Hohm, Karl-Heinz, "Novellierung des Asylbewerberleistungsgesetzes", NVwZ 1997, Heft 7, S. 663.

LITERATUR- UND QUELLENVERZEICHNIS

Dokumente und Gesetzestexte

Charta der Vereinten Nationen (UN-Charta)

Convention Relating to the Status of Refugees (Abkommen über die Rechtstellung der Flüchtlinge) vom 28. 7.1951, UNTS Bd. 189 Nr. 2545; BGBl. 1953 II, 560, "Genfer Flüchtlingkonvention" (GFK)

Protocol Relating to the Status of Refugees (Protokoll über die Rechtsstellung der Flüchtlinge) vom 31.1.1967, UNTS Bd. 606 Nr. 8791; BGBl. 1969 II, 1294, "New Yorker Protokoll"

Internationaler Pakt über bürgerliche und politische Rechte vom 19.12.1966, BGBl. 1973 II, 1553 und Fakultativprotokolle

Konvention zum Schutze der Menschenrechte und Grundfreiheiten (EMRK) vom 4.11.1950, BGBl. 1952 II, 686 und Zusatzprotokolle

Deutsches Ausländerrecht, 10. Auflage, Sonderausgabe unter redaktioneller Verantwortung des Verlages C.H. Beck, München, 1996

Neufassungen ausländerrechtlicher Gesetze wie die **Neufassung des Asylbewerberleistungsgesetzes** vom 5.8.1997, BGBl. I, Jahrgang 1997, Nr. 57, Bonn, 14.8.1997

Grundgesetz (GG) der Bundesrepublik Deutschland

BVerfGEntscheidungen

BVerwGEntscheidungen

Entscheidungen des Bayerischen VerfGH

Entscheidungen des Bayerischen VerwGH/München

Entscheidungen verschiedener Verwaltungsgerichte

Entscheidungen des EuGH für Menschenrechte

UNHCR-Report 1995/96, "The State of the World's Refugees 1995", Oxford 1995

UNHCR-Verlautbarungen im Internet (http://www.unhcr.ch/un&ref)

Beschlüsse des **Exekutiv-Komitees** für das Programm des **Hohen Flüchtlingskommissars der Vereinten Nationen**

Abkommen über die Verwirklichung der Föderation Bosnien-Herzegowina **(Dayton - Vertrag)** , abgedruckt in International Peacekeeping 2/1995, S. 140-167 oder auch einsehbar im Internet unter http://www.state.gov/www/current/bosnia/bosagree.html.

Abkommen zwischen der Regierung der Bundesrepublik Deutschland und der Regierung von Bosnien undd Herzegowina über die Rückführung und Rückübernahme von Personen **(Rückübernahmeabkommen)**

Verwaltungsverfahrensgesetz (VwVfG) und **Verwaltungsgerichtsordnung** (VwGO), 18., neubearbeitete Auflage vom 1. Mai 1993, Sonderausgabe unter redaktioneller Verantwortung des Verlages C.H. Beck, München

Bayerische Kommunalverfassung

Bundestags-Drucksachen

Bundesrats-Drucksachen

Presseinformationen und Verlautbarungen der **Ständigen Konferenz der Innenminister und -senatoren der Länder**

Anträge und Beschlüsse des Stadtrates der Landeshauptstadt München

Weisungen und innenministerielle Schreiben des Bayerischen Innenministeriums

Widerspruchsbescheide der Regierung von Oberbayern

Monographien

amnesty international, "Refugees. Human rights have no borders.", London 1997

ders., "Zwei Jahre neues Asylrecht - Auswirkungen des geänderten Asylrechts auf den Rechtsschutz von Flüchtlingen", Bonn 1996

Arendt, Hannah, "Elemente und Ursprünge totaler Herrschaft", München 1996

Balibar, Etienne/Wallerstein, Immanuel, "Rasse-Klasse-Nation: ambivalente Identitäten", Hamburg-Berlin 1990

Balke, Friedrich et al (Hrsg.), "Schwierige Fremdheit", Frankfurt/Main 1993

Basso-Sekretariat Berlin (Hrsg.), "Festung Europa auf der Anklagebank", Münster 1995

Bayerische Verwaltungsschule (Hrsg.), "Ausländerrecht", Heft A 13a, München 1996

Berg-Schlosser, Dirk, "Einführung in die Politikwissenschaft", München 1992

Bielefeldt, Heiner, "Wiedergewinnung des Politischen", Würzburg 1993

Bundesminister des Innern, "Aufzeichnungen zur Ausländerpolitik und zum Ausländerrecht in der Bundesrepublik Deutschland", Bonn, August 1997

ders., "Ratgeber für die Rückkehr nach Bosnien und Herzegowina", November 1996

ders., "Ratgeber für die Rückkehr nach Bosnien und Herzegowina", Oktober 1997

Cohn-Bendit, Daniel/Schmid, Thomas, "Heimat Babylon - Das Wagnis der multikulturellen Demokratie", Hamburg 1993

Davy, Ulrike, "Asyl und internationales Flüchtlingsrecht", Band 1 Völkerrechtlicher Rahmen, Wien 1996

De Stoop, Chris, "Hol die Wäsche rein. Die Geschichte einer ganz gewöhnlichen Abschiebung", Frankfurt/Main 1996

Deutscher Städtetag, "Geschäftsbericht '97", Köln 1997

ECRE, "A European Refugee Policy In The Light Of Established Principles", London 1994

Fastenrath, Ulrich, "Lücken im Völkerrecht: zu Rechtscharakter, Quellen, Systemzusammenhang, Methodenlehre und Funktion des Völkerrechts", Berlin 1991

ders., "Kompetenzverteilung im Bereich der auswärtigen Gewalt", München 1986

Flüchtlingsamt der Stadt München (Hrsg.), "Flüchtlingsbericht der Stadt München" März 1997

ders., "Bosnische Flüchtlinge in München - Bosanske izbjeglice u Minhenu", Januar 1997

ders., "Rückkehr bosnischer Flüchtlinge aus Deutschland", Oktober 1997

Gowlland-Debbas, Vera, (Ed.), "The Problem of Refugees in The Light of Contemporary International Law Issues", The Hague/Boston/London 1996

Grahl-Madsen, Atle, "The Status of Refugees in International Law", Leyden 1966

Hailbronner, Kay, "Ausländerrecht", Kommentar, Heidelberg 1997

Hilfe für Flüchtlingsfrauen und -familien aus dem ehemaligen Jugoslawien (Hrsg.), "Bestandsaufnahme "Drei Jahre als Flüchtling in München" - Zur Lebenssituation ex-jugoslawischer Kriegsflüchtlinge heute", München 1995

Höffe, Otfried, "Politische Gerechtigkeit - Grundlegung einer kritischen Philosophie von Recht und Staat", 2. Auflage, Frankfurt/Main 1994

ders., "Kategorische Rechtsprinzipien: ein Kontrapunkt der Moderne", Frankfurt/Main 1994

Höfling-Semnar, Bettina, "Flucht und deutsche Asylpolitik - Von der Krise des Asylrechts zur Perfektionierung der Zugangsverhinderung", Münster 1995

Hoffmann, Johannes (Hrsg.), "Begründung von Menschenrechten aus der Sicht unterschiedlicher Kulturen", Frankfurt/Main 1991

Internationale Föderation der Rotkreuz- und Rothalbmondgesellschaften, "Going home", Ein Wegweiser für Flüchtlinge aus Bosnien-Herzegowina, April 1997

Jonas, Hans, "Das Prinzip Verantwortung", Frankfurt/Main, 1984

Kirchenamt der Evangelischen Kirche in Deutschland et al (Hrsg.), "...und der Fremdling, der in deinen Toren ist.", Gemeinsames Wort der Kirchen zu den Herausforderungen durch Migration und Flucht, Bonn/Frankfurt-Main/Hannover 1997

Knemeyer, Franz-Ludwig, "Bayerisches Kommunalrecht", Stuttgart 1996

Krais, Jürgen/Tausch, Christian, "Asylrecht und Asylverfahren. Rechtsstellung der Flüchtlinge, Anerkennungsverfahren, Rechtsschutz", München 1995

Leggewie, Claus, "Multi Kulti - Spielregeln für die Vielvölkerrepublik", Berlin 1990

Lissack, Gernot, „Bayerisches Kommunalrecht", München, 1997

Loescher, Gil/Monahan, Laila, (Ed.), "Refugees and International Relations", Oxford 1990

Marugg, Michael, "Völkerrechtliche Definition des Ausdruckes 'Flüchtling' ", 1990

Marx, Reinhard, "Eine menschenrechtliche Begründung des Asylrechts", Baden-Baden 1984

Müller, Harald, "Die Chance der Kooperation - Regime in den internationalen Beziehungen", Darmstadt 1993

Münch, Ursula, "Asylpolitik in der Bundesrepublik Deutschland: Entwicklung und Alternativen", Opladen 1993

Narr, Wolf-Dieter/Schubert, Alexander, "Weltökonomie - Die Misere der Politik", Frankfurt/M. 1994

Neudeck, Rupert, "Asyl", Düsseldorf, 1993

Noiriel, Gabriel, "Die Tyrannei des Nationalen", Sozialgeschichte des Asylrechts in Europa, Lüneburg 1994

Nuscheler, Franz, "Internationale Migration, Flucht und Asyl", Opladen 1995

Opitz, Peter Joachim, "Das Weltflüchtlingsproblem", München 1997

ders. (Hrsg.), "Weltprobleme", Bonn 1995

Pax Christi (Hrsg.), "Kriegsflüchtlinge", Probleme des Friedens 1/1993, Bad Vilbel 1993

Pro Asyl (Hrsg.), "Recht für Flüchtlinge - Ein Leitfaden durch das Asyl- und Ausländerrecht für die Praxis", Frankfurt/Main 1996

ders., "Tag des Flüchtlings 1996", Frankfurt/Main, Oktober 1996

Roth, Roland/Wollmann, Hellmut (Hrsg.), "Kommunalpolitik - Politisches Handeln in den Gemeinden", Bonn 1993

Schneider, Iris, "Bürgerkriegsflüchtlinge in Deutschland: Ihr Status in Gesetz und Praxis", Wissenschaftliche Arbeit zur Erlangung des Grades der Diplom-Journalistin an der sozialwissenschaftlichen Fakultät der Ludwig-Maximilians-Universität München, München 1995

Scholler, Heinrich, "Grundzüge des Kommunalrechts in der Bundesrepublik Deutschland", Heidelberg, 1990

Schumacher, Ralph, "John Stuart Mill", New York/Frankfurt/Main, 1994

Schuster, Franz/Dill, Günter W. (Hrsg.), "Aufgaben der Kommunalpolitik in den 90er Jahren", Köln 1992

Seiffert, Helmut, "Einführung in die Wissenschaftstheorie 2", München 1991

Seidl-Hohenveldern, Ignaz (Hrsg.), "Lexikon des Rechts - Völkerrecht", Berlin 1992

Sekretariat der Deutschen Bischofskonferenz (Hrsg.), "Cor Unum - Päpstlicher Rat, Flüchtlinge - eine Herausforderung zur Solidarität", Rom-Bonn 1992

Simma, Bruno/Fastenrath, Ulrich, "Menschenrechte - Ihr internationaler Schutz", München 1992

Sozialreferat der Landeshauptstadt München (Hrsg.), "Soziale Leistungen in Zahlen 1996", München August 1997

Stienen, Angelika, "Integration - Emanzipation: ein Widerspruch: kritische Analyse sozialwissenschaftlicher Konzepte zur "Flüchtlingsproblematik", Saarbrücken-Fort Lauderdale 1991

Todorov, Tzvetan, "Abenteuer des Zusammenlebens" - Versuch einer allgemeinen Anthropologie, Berlin 1996

UNHCR-Office, "Handbook on Procedures and Criteria for Determining Refugee Status under the 1951 Convention and the 1967 Protocol Relating to the Status of Refugees", Genf 1979

UNHCR-Office of the Special Envoy, "Information Notes - Bosnia and Herzegovina", No. 12/96-2/97 - December 1996/February 1997

Walzer, Michael, "Spheres of Justice. A Defense of Pluralism and Equality", New York 1983

Wolf, Klaus Dieter (Hrsg.), "Internationale Verrechtlichung", Jahresschrift für Rechtspolitologie, Pfaffenweiler 1993

Wolfrum, Rüdiger (Hrsg.), "Handbuch der Vereinten Nationen", München 1991

ZDWF-Schriftenreihe Nr. 55, "Das neue Asylrecht", Bonn 1993

ZDWF-Schriftenreihe Nr. 59, "Kriegs- und Bürgerkriegsflüchtlinge in Deutschland", Situationsbericht am Beispiel der Flüchtlinge aus Bosnien-Herzegowina, Hohe Flüchtlingskommissar der Vereinten Nationen u.a. (Hrsg.), Bonn 1995

ZDWF-Schriftenreihe Nr. 63, Klaus Sieveking, "Verfassungsrechtliche Fragen zur Absenkung von Sozialhilfeleistungen für Flüchtlinge", Siegburg 1995

ZDWF-Schriftenreihe Nr. 65, "Flüchtlinge, Verfassungsrecht und Menschenrechte", Ergebnisse einer Fachtagung über rechtliche und politische Rahmenbedingungen der Rückkehr und Wiederansiedlung von Flüchtlingen aus dem ehemaligen Jugoslawien, Siegburg 1997

ZDWF (Hrsg.), "Leitfaden für Flüchtlinge aus Bosnien-Herzegowina", Siegburg, Okt. 1997

Zimmermann, Andreas, "Das neue Grundrecht auf Asyl - Verfassungs- und völkerrechtliche Grenzen und Voraussetzungen", Beiträge zum ausländischen öffentlichen Recht und Völkerrecht, Band 115, Berlin 1994

Artikel

Baltzer, Jochen, "Weithin bekannt-selten erreicht: Was hat es auf sich mit dem "Münchner Betreuungsmodell' "?, in: Infodienst des Bayerischen Flüchtlingsrates, Nr. 54/55, April-Juni 1997, S. 18-24

Brugger, Winfried, "Menschenrechte von Flüchtlingen in universalistischer und kommunitaristischer Sicht", in: Archiv für Rechts- und Sozialphilosophie, Vol. 80/Heft 3, Stuttgart 1994, S. 318-334

Carens, Joseph, H., "Aliens and Citizens: The Case for Open Borders", in: The Review of Politics, Vol. 49/No. 2, Indiana 1987, S.251-273

Christ, Gunter, "Gelten die Menschenrechte nicht mehr für Menschen aus sogenannten Bürgerkriegsgebieten ?", in: InfAuslR 11-12/1996, S. 377-382

Davy, Ulrike, "Verfolgung und kulturelle Differenz", in: ZAR 4/1996, S. 151-158

Deibel, Klaus, "Das neue Asylbewerberleistungsrecht", ZAR 1/1998, S. 28-38

Dörr, Oliver, "Die Vereinbarungen von Dayton/Ohio", Archiv des Völkerrechts, Band 35/Heft 2, Tübingen 1997, S. 129-180

Eckstein, Harry, "Case Study and Theory in Political Science", in: Greenstein, Fred (Ed.), Handbook of Political Science, Vol. 7, Strategies of Inquiry, Reading/Massachusetts 1975, S. 79-137

ECRE, "Position on refugees from the former Yugoslavia", London, Update July 1996

ders., "Sharing the responsibility: protecting refugees and displaced persons in the context of large scale arrivals", London 1995

Ermacora, Felix, "Die Asyl- und Flüchtlingsproblematik aus völkerrechtlicher Sicht", in: Ockenfels, Wolfgang (Hrsg.), Problemfall Völkerwanderung: Migration-Asyl-Integration, Trier 1994, S. 109-120

Frenz, Walter, "Der Schutz der kommunalen Organisationshoheit", in: Verwaltungsarchiv, 86. Band, Köln 1995, S. 378-397

Geis, Max-Emanuel, "Kirchenasyl im demokratischen Rechtsstaat", in: JZ 2/1997, S.60-67

Glauben, Paul J., "Die Unterbringung von Flüchtlingen als Pflichtaufgabe der kommunalen Selbstverwaltung", in: Die Öffentliche Verwaltung 1994/Heft 19, S. 821-824

Graffe, Friedrich, "Neuorganisation der Flüchtlingsarbeit in München", Vorlage zur Schaffung eines Flüchtlingsamtes bzw. einer Flüchtlingsstelle für die gemeinsamen Sitzung des Verwaltungs- und Personalausschusses, des Kreisverwaltungs- und des Sozialausschusses vom 30.11.1993

Grenz, Wolfgang, "Die Auskünfte des Auswärtigen Amtes in Asylverfahren - Eine Politik der Verharmlosung von Menschenrechtsverletzungen?", in: Sicherheit und Frieden 4/1994, S. 168-172

Goodwin-Gill, Guy, "Who is a refugee?", in: Report of the International Conference - Refugees in the world: The European Community's Response, Netherlands Institute of Human Rights, The Hague 1989, S. 53-62

Hathaway, James, C., "New Directions to Avoid Hard Problems: The Distortion of the Palliative Role of Refugee Protetction", in: Journal of Refugee Studies, Volume 8/No. 3, 1995, S. 288-294

Heberlein, Horst, "Aktuelle Rechtsprobleme ‘Kommunaler Außenpolitik’", in: Die Verwaltung, Band 26/1993, S. 211-234

Hein, Christoph, "Einführung und Grundlagen - GFK, EMRK und weitere internationale Vereinbarungen", in: Barwig Klaus et al (Hrsg.), Asyl nach der Änderung des Grundgesetzes: Entwicklungen in Deutschland und Europa, Baden-Baden 1994, S. 71-78

Heinhold, Hubert, "Asylrechtskundige Beratung durch Sozialarbeiter und Ehrenamtliche - Ein Verstoß gegen das Rechtsberatungsgesetz ?", ZAR 3/1997, S. 110-120

Heintze, Hans-Joachim, "Menschen- und flüchtlingsrechtliche Bestimmungen im Dayton-Abkommen und das Rückkehrrecht für Bürgerkriegsflüchtlinge", in: AWR-Bulletin, Nr. 1-2/1997, Wien 1997, S 44-61

Hesse, Joachim Jens, "Stadtpolitik", in: ders., Politikwissenschaft und Verwaltungswissenschaft (PVS-Sonderheft 13), Opladen 1982, S. 431-446

Hofmann, Rainer/Schreiber, Ulrich, „Rechtliche Verpflichtungen und Möglichkeiten der Ausländerbehörde, von der Abschiebung eines Ausländers Abstand zu nehmen“, Gutachten, Düren, Februar 1997

Höfling, Bettina, "Überlegungen zu aktuellen Fluchtbewegungen und deren Beurteilung", in: Politische Studien, Heft 330, 44.Jahrgang, Juli/ August 1993, S. 29-42

Hohm, Karl-Heinz, "Novellierung des Asylbewerberleistungsgesetzes", in: NVwZ 1997, Heft 7, S. 659-663

Holtmann, Everhard, "Kommune/Kommunalpolitik", in: Nohlen, Dieter (Hrsg.) Lexikon der Politik, Bd. I. Politische Theorien, München 1995, S.236-240

Huemer, Medardus, "Asylbewerber, Bürgerkriegsflüchtlinge in Bayern", in: AWR-Bulletin, Nr. 1-2/1997, Wien 1997, S. 82-84

Kanther, Manfred, "Stopp der unerwünschten Zuwanderung", ZFSH/SGB, 1997, Nr. 11, S. 643-647

Kerll, Horst-Wolfram, "Flüchtlingsverwaltung oder Flüchtlingspolitik ?", in: Vereinte Nationen 5/1989, S. 155-161

Kimminich, Otto, "Mensch und Migrant: Der Flüchtling im humanitären Völkerrecht", in: AWR-Bulletin Nr. 3/1993, Sonderheft aus Anlaß des 40-jährigen Bestehens der österreichischen AWR-Sektion, Wien 1993, S. 123-130

ders., "Neue Probleme im Asylrecht - Krieg, Bürgerkrieg, Flucht und Vertreibung heute -", in: AWR-Bulletin 4/1994, Wien 1994, S. 160-174

Koch, Gustav, "Die vorübergehende Aufnahme von Flüchtlingen unter menschenrechtlichen Gesichtspunkten", AWR-Bulletin 1/2 1997, Wien 1997, S. 57-61

Kumin, Judith, "Juristisch wegdefiniert", in: Der Überblick 4/1996, S. 84-85

Lijphart, Arend, "Comparative Politics and the Comparative Method", in: APSR (The American Political Science Review) 65/1971, S. 682-693

Mappes-Niediek, Norbert, "Rückkehrrecht, Rückkehrpflicht ?", in: Blätter für deutsche und internationale Politik, Bd. 41/11 1996, S. 1299-1304

Marx, Reinhard, "Abschiebungsschutz bei fehlendem staatlichen Schutz: Die neuere Rechtsprechung des EGMR", in: NVwZ 1998, Heft 2, S. 153/154

ders., "Zur Rechtserheblichkeit des Bürgerkrieges bei der Auslegung und Anwendung der Genfer Flüchtlingskonvention", in: InfAuslR 9/97, S. 372-379

ders., "Refoulementschutz für Bürgerkriegsflüchtlinge", ZAR 4/1995, S. 151-161

Meßerschmidt, Klaus, "Der Grundsatz der Bundestreue und die Gemeinden - untersucht am Beispiel der "kommunalen Außenpolitik", in: Die Verwaltung 4/90, Bd. 23, S. 425-458

Meyer, Hubert, "Beteiligung der Kommunen an kommunalrelevanten Rechtsetzungsakten von Bund und Ländern", in: Zeitschrift für Gesetzgebung Bd. 9/Heft 3, 1994, S. 262-277

Müller, Stephan, "Politische und gesellschaftliche Bedingungen einer Rückkehr nach Bosnien-Herzegowina", in: SÜDOSTEUROPA, 44. Jhg., 9-10/1995, S. 585-613

NATO/IFOR: UN UNHCR Ref/1131: "UNHCR Presents Bosnia Repatriation Plan", http://www.nato.int/ifor/un/u960117a.htm

Neudeck, Rupert, "Zwei Rückkehrer nach Sarajevo", in: Orientierung, Nr. 3/62. Jahrgang, Februar 1998, S. 32-35

Nicolaus, Peter, "Artikel 1 der Genfer Flüchtlingskonvention - eine vergessene Begriffsbestimmung des Flüchtlings ?", in: Otto Benecke Stiftung (Hrsg.), Vierzig Jahre Asylgrundrecht - Verhältnis zur Genfer Flüchtlingskonvention, Baden-Baden 1990, S. 41-62

Nohlen, Dieter, "Fallstudie", in: Lexikon der Politik, Bd. 2, "Politikwissenschaftliche Methoden", hrsg. von Jürgen Kriz, München 1994, S. 162-167

Ogata, Sadako, "Plädoyer für eine umfassende europäische Flüchtlingspolitik", in: Europa-Archiv, Folge 15/1994, S. 431-436

Onuf, N.G./Spike Peterson, V., "Human Rights from an International Regimes Perspective", in: Journal of International Affairs, Winter 1984, Vol. 37/No. 2, S. 329-342

Opitz, Peter, J., "Die Migrations- und Flüchtlingsproblematik nach Beendigung des Ost-West-Konflikts: globale und europäische Dimensionen", in: Knapp, Manfred (Hrsg.), Migration im neuen Europa, Stuttgart 1994, S. 51-68

Repnik, Hans-Peter, "Das Weltflüchtlingsproblem als Herausforderung für die Entwicklungspolitik", in: Ockenfels, Wolfgang (Hrsg.), Problemfall Völkerwanderung: Migration-Asyl-Integration, Trier 1994, S. 177-188

Reuter, Hans-Richard, "Subsidiärer Menschenrechtsschutz: Bemerkungen zum Kirchenasyl aus protestantischer Sicht", ZRP 1996 Heft 3, S.97-101

Rittstieg, Helmut, "Grenzen der Verpflichtung nach § 84 AuslG", in: InfAuslR 2/94, S.48-49

ders., "Die Gesetzgebung läuft dem Recht davon: Die Rechtslage der Flüchtlinge aus dem ehemaligen Jugoslawien", in: InfAuslR 7-8/94, S. 279-286

Rothkegel, Ralf, "Kirchenasyl - Wesen und rechtlicher Standort", in: ZAR 3/1997, S. 121-128

Rudge, Philip, "Zunehmende Verantwortung der Nichtregierungsorganisationen für Flüchtlinge", in: L.Drüke/K. Weigelt (Hrsg.), Fluchtziel Europa: Strategien für eine neue Flüchtlingspolitik, München 1993, S. 201-212

Saenger, Michael, "Die Rechtsstellung der bosnisch-herzegowinischen Kriegsflüchtlinge", ZAR 4/1997, S. 173-182

Schäfer, Ingeborg E., "Demokratische Konrolle der öffentlichen Verwaltung als Strategie", in: Die Verwaltung, 26. Band, Berlin 1993, S. 39-55

Türk, Volker, "Wer ist für Flüchtlinge verantwortlich ?", in: AWR-Bulletin 4/1995, Wien 1995, S. 209-213

Thunert, Martin, "Menschenrechte/Grundrechte/Bürgerrechte", in: Nohlen, Dieter (Hrsg.), Lexikon der Politik, Bd. I. Politische Theorien, München 1995, S. 333-348

Uibopuu, Henn - Jüri, "Der Schutz der Flüchtlinge im Rahmen des Europarats, in: AVR, 21. Band, Tübingen 1983, S. 60-103

UNHCR, "UNHCR Presents Bosnia Repatriation Plan", UN Ref/1131, January 17, 1996, http.// www.nato.int/ifor/un/u960117a.htm, (five pages)

ders., "General Repatriation Information Report", http://www.unhcr.ch./ country/sofy/general/genger.htm, Nov/Dec 1996, 23 pages

ders., "Ogata urges Bosnia to allow minority returns", Press releases from 21 November 1997, http://www.unhcr.ch/news/pr/pr971121.htm

Wilke, Reinhard/Karstens, Uwe, "UNHCR zur Rückführung der Flüchtlinge nach Bosnien-Herzegowina", in: InfAuslR 6/1996, S. 243-244

Wollenschläger, Michael/Schraml, Alexander, "Kriegs- und Bürgerkriegsflüchtlinge im nationalen und internationalen Recht", in: AWR-Bulletin Nr. 3/1994, S. 110-120

Zayas, Alfred, de, "Das Recht auf die Heimat, ethnische Säuberungen und das Internationale Kriegsverbrechertribunal für das ehemalige Jugoslawien", in: Archiv des Völkerrechts, Band 35, Heft 1, Tübingen 1997, S. 29-72

Zumach, Andreas, "Dayton - kein Synonym für Frieden", in: Vereinte Nationen 1/1997, S. 9-14

Zeitungsartikel

"Ausländerrechtlich vogelfrei", taz am 29.10.1996, S. 3

"Beckstein will weiter zügig abschieben", SZ am 20.1.1998

"Beckstein: "Der Vorwurf klingt sicher furchtbar", SZ am 11.7.1997, S. 8

"Bereitschaft zur Aufnahme von Flüchtlingen schwindet", SZ am 9.12.1997, S. 10

"Bischof widerspricht Beckstein", SZ am 19.1.1998, S.35

"Das Ausländeramt zeigt sich fassungslos", SZ am 7.8.1997, S. 38

"Das ist unerträglich", SZ am 14.10.1996, S. 37

"Das Zuhause, das schon längst keines mehr ist", SZ am 14.10.1996, S. 37

"Die Frage der Flüchtlinge", FR am 5.4.1997, S. 3

"Die Häuser zerstört, der Boden vermint", taz am 29.10.1996, S. 3

"Eine Frage der Ehre", Der Spiegel 44/1996, S. 63-66

"Ein Staat mit eingebauter Bruchstelle", SZ am 14./15.9.1996, S. 7

"Enger Ring", Der Spiegel 42/1996, S. 74-76

"Für die Sicherheit des Freistaats: Kinder in den Arrest", SZ am 11.7.1997, S. 8

"Für eine Abschiebung ist es nie zu spät", SZ am 4.2.1998, S. 3

"Grüne sprechen von 'Psychoterror'", SZ am 3.12.1997, S. 57

"Gut aufgehoben", Der Spiegel 7/1997, S. 136/137

"Hader um die Rückführung der Bosnier", SZ am 7.3.1997, S. 35

"Heftige Attacken im Rathaus", SZ am 2.7.1997, S. 37

„Hier ist kein Platz“, Der Spiegel 33/1997, S. 122/123

"Im Zweifel (nur) für deutsche Angeklagte", SZ, 26.6.97, S.4

"Innenminister Beckstein bleibt hart", SZ am 13./14.12.1997, S. 61

"Keiner kam zu Hilfe", Die Zeit am 5.12.1997, S. 12

"Klarmachen, daß es ernst ist", SZ am 28.4.1997, S. 41

"Koalitionspolitiker prangern Abschiebepraxis an", SZ am 29./30./31.3.1997, S. 1

"Kritik an Gleichgültigkeit gegenüber Flüchtlingen", NZZ am 9.12.1997, S. 3

"Landesbischof nimmt Innenminister ins Gebet", SZ am 28.4.1997, S. 41

"Man kann mit uns reden", SZ am 28.4.1997, S. 41

"Mehr Toleranz und Liberalität", SZ am 19.12.1997

"Menschen wie Kriminelle abgeschoben", SZ am 14.4.1997, S. 41

"Nur noch Butterbrot und Fahrkarte", SZ am 6.2.1998, S. 9

"Pflichten in der Heimat", Der Spiegel 38/1996, S. 27

"Plädoyers für eine härtere Gangart in Bosnien", NZZ am 10.12.1997

"'Politik des Aushungerns' von Flüchtlingen", SZ am 24.2.1998, S. 34

"Rechtsbruch im Ausländeramt", SZ am 6.8.1997, S. 33

"Riskanter Dauerauftrag", SZ am 16.10.1997, S. 4

"Schlimme Entgleisung", SZ am 2.6.1997, S. 8

"Staatlicher Druck auf Bosnier wächst", SZ am 2.12.1997, S. 55

"Stadt spart bei Flüchtlingsbetreuung", SZ am 1.12.1997

"Udes Fürsorge "scheinheilig" ", SZ am 13.7.1997, S. 37

"Vom Kirchturm sieht man nicht bis Sarajewo", SZ am 10./11.5.1997, S. 4

"Wellenbrecher in der Länderphalanx", SZ am 27./28.3.1997, S. 11

"Zentimeterweise Boden gutmachen", taz am 4.2.1998, S. 13

"Zum Abschied freundlich Servus", taz am 29.10.1996, S. 3

ABKÜRZUNGSVERZEICHNIS

Abs.	Absatz
AGAM	Allgemeine Geschäftsanweisung der Landeshauptstadt München
Anm.	Anmerkung
AöV	Archiv des öffentlichen Rechts
AsylbLG	Asylberwerberleistungsgesetz
AsylbVfG	Asylbewerberverfahrensgesetz
AsylVfG	Asylverfahrensgesetz
AuslG	Ausländergesetz
AVR	Archiv des Völkerrechts
BayGO	Bayerische Gemeindeordnung
BayVbl	Bayerische Verwaltungsblätter
BayVGH	Bayerischer Verwaltungsgerichtshof
BGBl. (I,II)	Bundesgesetzblatt (Teil 1 und 2)
BMI	Bundesministerium des Innern
BR	Bundesrat
BSHG	Bundessozialhilfegesetz
BT	Bundestag
BV	Bayerische Verfassung
BverfG	Bundesverfassungsgericht
BverwG	Bundesverwaltungsgericht
ders.	derselbe
ECRE	European Council on Refugees and Exiles
EGMR	Europäischer Gerichtshof für Menschenrechte
EMRK	Europäische Menschenrechtskonvention
EXCOM	Exekutivkomitee (des UNHCR)
FR	Frankfurter Rundschau
GG	Grundgesetz
GFK	Genfer Flüchtlingskonvention
InfAuslR	Informationsbrief Ausländerrecht
IOM	International Organization for Migration
JZ	Juristen-Zeitung
KVR	Kreisverwaltungsreferat
NGO	Non-Govermental Organization
NJW	Neue Juristische Wochenschrift
NVwZ	Neue Zeitschrift für Verwaltungsrecht

NZZ	Neue Zürcher Zeitung
OAU	Organisation Afrikanischer Einheit
OVG	Oberverwaltungsgericht
Rdnr.	Randnummer
Res.	Resolution
SGB	Sozialgesetzbuch
SR	Stadtrat
SZ	Süddeutsche Zeitung
taz	Die Tageszeitung
UN	Vereinte Nationen
UNHCR	Hohe Flüchtlingskommissar der Vereinten Nationen
VG	Verwaltungsgericht
VGH	Verwaltungsgerichtshof
vgl.	vergleiche
VwGO	Verwaltungsgerichtsordnung
VwVfG	Verwaltungsverfahrensgesetz
ZAR	Zeitschrift für Ausländerrecht
ZDWF	Zentrale Dokumentationsstelle der Freien Wohlfahrtspflege für Flüchtlinge e.V.